U0619635

基于思维发展的
关爱教育

Jiyu Siwei Fazhan de
Guan'ai jiaoyu

三门中学精细化办学，追求基于思维发展的关爱教育。基于思维发展，学校倡导"爱满天下"，实现德育真实落地，致力于把学生培养成"有爱心、身心健、会学习、习惯好、有特长"的阳光少年。

秦　娟著

上海教育出版社
SHANGHAI EDUCATIONAL
PUBLISHING HOUSE

序

锻造优质教师队伍是校长的永恒主题

知道三门中学很久了。2013年上海市新优质学校项目建设的第一次全市展示活动，是在三门中学举行的。知道秦娟校长也很久了，时不时地从领导、教研员、校长，甚至教师口中听到：三门中学秦校长很厉害。这都让我这个教育研究者、曾经的教育管理者充满了好奇，一直想前去三门中学访谈访谈秦娟校长，却因各种原因始终未能如愿。

峰回路转，近日，秦娟校长将梳理办学经验的书稿，摆放于我案前，并邀我作序。带着对一线校长办学智慧的敬佩，我一口气通读了秦校长的专著《基于思维发展的关爱教育》的初稿，自然地有了以下几点感受。

秦娟校长的厉害，在于她有着良好的专业素养。整本书稿文笔流畅，对20年办学实践，特别是近10年来三门中学关爱教育的发展历程进行了梳理，论述缜密，案例详实。洋洋洒洒十多万字，读下来并不感觉到累，更多是让人感染于校长办学的教育信仰、责任担当与开拓创新的豪情与实干；分享着一线教师开展课堂教学研究的激情，共振着他们专业持续成长的收获，更为上海有这样优秀的校长与这么多优秀的教师感到亲切和骄傲。

秦娟校长的厉害，在于她有着敏锐的教育眼光，着力锻造了一支素质过硬、结构合理、梯队完整、敬业且充满活力的教师队伍。教师永远是学校教育发展的关键，是实施课程的主力，锻造优秀的教师队伍是校长的永恒主题。三门中学践行关爱教育，在"爱满天下"的引领下，"让爱滋润每一位师生心田"。秦校长为全面提升教师专业精神与业务能力，使用了十八般武艺，每一般武艺都直指学校发展、学生培养的关键问题，既符合教育教学规律，又针对师生内心需求，成效非常显著。

至关重要的是秦娟校长的教育追求、办学理念，让全体教师拥有了正确、全面、科学的质量观、学生观，只有学生的全面发展、个性发展与特长发展，才能保证学生健康、快乐、可持续地智慧成长。秦校长身先士卒，带领教师开展持续有效的高阶思维课堂教学研究，聚焦课堂、决战课堂。针对教学中的"兴趣点、分层点、互动点、探究点"等不断进行实践改进，建设"L-O-V-E"课堂；他们注重教学活动环节的精细研究，教研组从"两备"（备教案、备课件）逐步深入，走向"五备"（备教案、备课件、备课堂组织形式、备关键问题、备关键问题下的追问）；他们聚焦学生思维培育，以"关键问题及其追问"为主要策略，持续深化"四层三向三级问题链"。在"关注学生思维培养，促进孩子终身发展"中，教师专业能力得到同步提升。

秦娟校长的厉害，还在于她探索建立了行之有效的教师可持续发展之路。"一日研修"助力教师专业发展，从"两备"深入到"五备"谋质量，在实施"三研修与两观察"中出效益，在创新跨校联合教研中优势共享形成特色，在鲜明的主题教研与时俱进里力争出名师。优质教师队伍成长起来了，学校优质发展也就水到渠成了。

总之，秦娟校长引领的"基于思维发展的关爱教育"，关爱每一个孩子，关注每一个学生的全面发展、个性发展、特长发展和终身发展，在"L-O-V-E"课堂的建设中提升教学效益，在管理制度创新中，锻造了一支优秀的教师队伍，真正实现了"让爱滋润每一位师生的心田"。

整本书基本满足了我对秦校长和三门中学发展的好奇。期待未来，秦娟校长和三门中学的老师们，以及联合教研校的老师们"仰望星空、脚踏实地"，创造更多的"厉害"，更多的"奇迹"；期望在"爱满天下"的引领下，上海有更多优秀的校长、教师快速茁壮成长，使学校教育真正面向人人、适合人人、人人出彩、人人成才。

是为序。

上海市教育学会会长

尹后庆

2021.1.12

目　录

前言

"爱满天下"引领我们奋进

"爱满天下"是我国著名教育家陶行知的名言。我国教师对"爱满天下"耳熟能详,身心浸润。

"爱满天下"四个大字就刻在三门中学进校门的巨石上。白底红字,每日映入每个师生的眼帘,深深镌刻在我们的心中。

在"爱满天下"的指引下,结合学校实际情形,我们提出了"关爱教育"。关爱教育的理念最初为"把爱洒向每一位师生",继而进化提升为"让爱滋润每一位师生的心田",致力于把学生培养成"有爱心、身心健、会学习、习惯好、有特长"的阳光少年。

开展基于思维发展的关爱教育是关爱教育的深入发展。关爱教育是"爱满天下"在三门中学的生动诠释与不懈探究,是我们全体三门人的信仰与追求。

在"爱满天下"的引领下,在全体师生的共同努力下,三门中学由默默无闻的普通初中跃升为"上海市首批新优质项目学校",是老百姓口中的"家门口的好学校"。2018 年,学校又成为"上海市强校工程实验学校"。2019 年,学校荣获上海市"五一劳动奖章"、"全国教育系统关心下一代工作先进集体"等荣誉。

在坚定传承、创新发展关爱教育的奋进中,三门人精诚合作,学校"关注高阶思维培育"办学特色,越来越显精彩。三门中学关爱教育的"思维培育"也"爱满出校园",辐射到杨浦区、上海市,乃至全国更多的学校。三门中学 2016年成为杨浦区"新优质项目三门中学群"的"群主学校"、控江教育集团成员校;2017 年又成为杨浦区"三门中学教育集团"的核心学校等。

由"爱满出校园"向更高目标"爱满天下"前行、奋进,我们要做的工作有很多很多。其中,全面、系统地梳理三门中学关爱教育的发展历程,包括精神理念、策略与途径、有效的经验与工具等,就提上了议事日程。

　　"知易行难"，当真正开始条分缕析学校关爱教育的发展脉络时，我们发现，一切比预想得艰难。因为基于思维发展的关爱教育是一个复杂的整体、一个紧密细致的系统；它内部运行的各个方面有机相连，处处又环环相扣，真可谓牵一发而动全身。

　　"一切困难都是纸老虎"，"方法总比困难多"。在"爱满天下"的精神感召下，在关爱教育爱的力量的推动下，我们迎难而上。经过一年多的努力，经过一次次的思考与提炼，三门中学的关爱教育终于初步展现出它令人神往的爱的世界。

　　本书总分为六章。第一章，概述上海市三门中学从普通走向优质的历程，对关爱教育的内涵进行了解析。我们提炼的关爱教育的内涵是：立足学生全面且有个性的成长，聚焦指向思维培育的课堂建设，助推教师专业素养的自主、持续提升。

　　第二章到第四章是关爱教育路径的介绍，分别是实践路径：① 全员全面的德育渗透；②"L-O-V-E"课堂的构架；③"一日研修"助力教师专业发展。通过这 3 条主要实践路径，我们对关爱教育的全德育浸润、"L-O-V-E"课堂探索和教师专业成长过程中的关键事件进行了具体的呈现。

　　第五章是关爱教育可持续发展的保障。具体内容包括采取全过程管理提升课堂教学质量；利用云技术拓展教师专业发展新平台和创造更大发展空间，提高教师专业水平。要促进学生全面发展、可持续发展，我们必须紧抓教师专业可持续发展，因为教师专业发展是促进学生全面发展之前提条件。第六章为关爱教育的成果与未来展望。

　　关爱教育，从爱孩子起步，多为德育角度出发，其实施途径多形式化，实施效果多低效。三门中学拓展了基于思维发展的关爱教育的内涵理解，通过教学渗透落实关爱教育，是一个新的突破。

　　以前，关爱教育多为教师单方面地进行，学校深化了对关爱教育的内涵理解，把给予学生会爱的能力作为关爱教育的目标。

　　"爱满天下"，是人间大爱。对关爱教育的深度解读，要实现个人认知、情感和行为的深度结合，才能成为一种无私而理性的行为、基于思维发展的至高境界。

　　"爱满天下"引领我们奋进，我们还在路上。

第一章 关爱教育的发展历程与内涵解析

2013年1月,因上海市三门中学老校长退休,杨浦区教育局党委将我调往三门中学任校长。当时,我在一所教育质量中等的公办初中任校长,三门中学的教学质量比我原任学校好。到任前领导要求:"三门(中学)不能只有成绩。"因此到任时,我压力很大:对于教学质量不如三门中学的学校校长,教师认可吗? 全面发展学生特长、追求学生全面发展和个性发展对教学质量有影响吗? 引进课题项目教师有精力吗? ……带着这些顾虑我走马上任了。

经过一个学期的全方位深入调研,我发现三门中学能有这样的成绩实属不易。1997年,学校开办时地处杨浦区边缘,交通不便,招教师都难,所以引入一批小学教师艰难地启动开办之路。学校是以"穷街"拆迁子弟为主要生源,加之学校位于虹口、宝山、杨浦三区交界,外来务工人员随迁子女占生源比为三分之一。面对这样的困境,"三门人"没有怨天尤人,而是在刘尚斌校长的带领下,一步一个脚印踏踏实实地坚定走来,把一所默默无闻的公办初中办成了"上海市新优质项目学校"。这主要得益于三门中学有一支"吃得起苦、使得对力"的考试学科的教师,他们向"时间"要质量,不计报酬,辛勤付出,创造了"进口低、出口高"的三门现象。对三门的教师们,我充满敬意和深感敬佩。

但细瞧之下,我也发现了学校发展中的一些问题。核心问题就是上文领导提到的学校"只有成绩",教师只看中并努力提高学生成绩,而对于学生的全面发展、个性发展,无心或者说是无力探究与追求。这与新时代的教育发展要求是有差距的,远未达到杨浦区作为上海市基础教育创新试验区的教育发展要求。于是,在充分听取班子成员、中层干部以及骨干教师意见的前提下,我逐步提出和完善了三门中学的办学价值观,即关爱教育价值观。

关爱教育价值观是:始终秉承"让爱滋润每一位师生心田"的办学理念,

致力于学生全面发展和个性发展,致力于把学生培养成"有爱心、身心健、会学习、习惯好、有特长"的阳光少年。

一、立足学生全面且有个性的成长

(一) 发现问题

2013 年,我到三门中学时,学校在学生特长这块,只有劳技教育有"亮点"。当时,外校教师来参观,讲到学生特长时,就带大家去看劳技教室,其他没有很大的特色。所以外校讲到三门中学时,印象最深的就是"成绩蛮好"。当时,我也跟不少非考试学科教师聊:为什么不带学生社团? 他们第一句话就是:"没有学生,抢不过主课教师的。"

(二) 思考问题

上面的问题真实地印证了教育局领导对三门中学的准确判断,同时耳畔再次响起领导的叮嘱:"三门(中学)不能只有成绩"。是的,学生应该不仅要"成绩好",还要实现全面发展和特长发展。这逐渐成为我作为校长的办学价值观。

校长的办学价值观是办学的灵魂。只有校长的办学价值观成为全体教师们共享的价值观,大家才会有共同的志向和追求,学校才能真正形成同心协力、为共同的教育目标而努力的良好局面,并且取得良好的办学成效。

在学校管理实践中,我通过深化关爱教育办学理念,把"让爱滋润每一位师生心田"这句话,从只是"墙上的一句话"渗透到"引领学校工作的方方面面",从而让关爱教育价值观深入人心,注重培育学生全面发展和个性发展,培养三门中学的阳光少年。

(三) 解决问题

1. 在讨论中加深理解学校的办学理念

正逢新一轮学校规划制订,我组织大家讨论学校的办学理念。有老师提出原来学校的办学理念"把爱洒向每个师生的心田"中的"把"字可以改为"让"字,将"洒向"一词改为"滋润"一词。大家认为,"让"字更体现出学校办学的主动性和服务性,变主观刻意为自觉行为;"滋润"则更能体现出互动性——师生之间、生生之间、干群之间,更强调学校整体的"爱"的和谐氛围,而不是单向的输出。这个观点得到了大家的认同,这种讨论、参与的过程,其实也是教育观念的学习和认同的过程。

通过交流、讨论、沟通,全体师生又进一步加深理解了学校的办学理念,明确了3个层面的内涵:

第一,学校让教育在爱中行走。学校以爱激发教师的使命感,成就教师的事业心、教师的学生观,营造教师的归属感。

第二,教师用爱生成学生的智慧与好习惯,用爱培养学生的坚强、勇敢与感恩、快乐与幸福。

第三,"爱的教育"让三门学子学会去爱,爱学校、爱教师、爱同学、爱父母、爱祖国。

关爱教育努力让三门中学实现爱的传递,让爱滋润每一位师生心田,实现学生爱上学习,教师爱上学生,师生共同爱上校园。

2. 健全关爱教育的校园文化

在追求办学理念深入人心的过程中,我们还进一步梳理了校训、"学校四风"。在全校师生的共同参与下,三门中学确定了校徽、校旗,为学校花园内的两个亭子命名。我还自己填词写了校歌《爱的阳光》。"灵璧石前的紫薇绽放未来的梦想,勤思亭畔的少年沐浴爱的阳光……"伴随着优美的旋律,"爱的阳光"每日温暖地照耀着三门中学的每个阳光、快乐少年。

学校创建校园生态环境,各类景观时刻奏响绿色旋律,陶冶着师生们的情操。象征"三门"奋发向上、飞速发展的不锈钢"无题"雕塑,让师生体味自然与艺术之美;"桂花园""紫藤亭""翠竹林"等植被角,以及造型奇特的假山石,还有香樟的疏影中映出的绿竹六角亭,既是园林小品,又是学生晨读、休憩的好去处。杉树绿带和香樟绿带为学生课间休息创造了天然的乘凉胜地,为师生提供了清新之美、高雅之美。山石瀑布、水中游鱼,给师生以清新怡人的绿色生活空间,融入自然,享受和谐之美……

在操场一圈的围墙上,我们布置了校史墙,把三门中学每一年的进步和收获展示出来,也成了我们预备年级学生进校的第一课。在教学大楼的门厅里,我们将学校的教育信条、校歌呈现出来。教学楼的每一个楼面都有主题,一楼是"争做阳光少年"的心理格言；二楼是陶行知先生既通俗易懂又富有哲理的儿歌，让预备年级的学生知道怎样做学问、怎样做人；三楼是学校在区级以上比赛中获奖的教师和团队的荣誉展示；四楼是在科艺体等方面在区级以上比赛中获奖的学生的荣誉展示；五楼是学校历届毕业生代表的展示，有清华大学、北京大学的，也有进城务工人员随迁子女专业成才的代表。布置了毕业墙，每个三门毕业的学生都能找到自己的身影。另外，每个年级组门口都有师生各类活动照片，学校不遗余力地渲染关爱教育的氛围。

3. 形成学校个性化的"关爱教育30条"

接着，我趁热打铁从学生观、教学观、教师观、家庭教育观、社会教育观五个"观"，分别提出6句话，共30句话，形成了学校个性化的"关爱教育30条"。"关爱教育30条"表达教师们的心声："我们坚信，关爱是人世间最温暖的情感；我们坚信，关爱是一种最真挚的行动；我们坚信，关爱是开启心灵之门的钥匙；我们坚信，关爱是阳光、春雨，能滋润师生的心田。"

关爱教育第6条提出"关爱教育有四个关键词"。一是生命。教育必须关注生命，必须关注生命的内在，绝对不可以把孩子单纯当成一个物品，机械配置加工和认识，要认识到他自身完全可以承受自我发展的追求和压力。二是尊重。做教育要尊重孩子，平等对待孩子，给他创造机会让他做，他做的一定比你想象的要好得多。三是环境。教育是一种环境，切不可自以为是，我们教育孩子也千万不可自以为是，因为我们并不真的了解孩子，所以环境很重要。我们要知道他需要什么，有什么潜质，要创造环境让他自己可以尽情展示。四是系统。教育、人是一个系统，校园和城市也是一个系统，我们一定要注意把系统中的各种资源充分利用到人的身上，推动人的发展。印度哲学家克里希那穆提说：教育者必须付出所有的心思，所有的关怀和情爱，以创造出正确的环境和智慧的培养，使得孩子长大之后能以智慧处理他所面临的人生问题。

又如在教师观中，我们提出"教师是长大的孩子"。其一，教师首先要记得自己曾经也是孩子。教师必须使自己往后退一步，即回到孩子时代去，和孩子一起想、一起玩、一起学，这样他才可能走近孩子。其二，教师要用孩子喜欢的方式教育孩子。孩子喜欢故事中的人物，于是用来命名班上的学生。这样，书中的孩子与教室里的孩子走到了一起，而此时的教师也成了孩子，三个"孩子"

有了一次美丽的约会。从深层意义上说,教师的一生都是一种邀请,邀请教室里的孩子,邀请课程中的孩子,也在邀请自己"这个孩子"的加入。这种孩子喜欢的方式,是一种爱的方式。其三,教师变成孩子,是为了引领孩子。勤劳、正直、勇敢等品质的培养是教育永恒的主题,教师不能让故事走向庸俗,而应引领孩子走向崇高,在孩子的心里筑起一块高地,在"平凡"与"不平凡"之间让孩子找到价值思想和朴实的辩证。

"关爱教育30条"成了学校教师师德研修的校本教材。随后在专家的建议下,在"关爱教育30条"的每一条后面,我们配上了学校教师践行的生动案例。几经修改,学校出版了《教育,从关爱开始》一书。教师们看到自己做的事情、自己写的文字变成了正式出版的文章,都有点成就感;学校的理念也就在这成就感中烂熟于心了。

4. 推进"暖记忆"课程与教学

如何将学校的办学理念抵达学校的核心地区——课程和课堂?借助外力,我们请专家和教师们聊,听大家的想法,帮忙梳理提炼,最后形成共识。学校倡导关爱教育,希望三门学子的初中4年的学习生活能给他们的少年时光留下温暖的记忆,我们要建设"暖记忆"课程。教育最终是以心养心的过程,是生命对生命的影响。在学校"让爱滋润每一位师生心田"的办学理念引领下,我们践行"暖心、启智、育能"的课程理念。"暖心"关注学生的道德情感和价值信仰,即课程要走进学生心灵,丰盈学生的精神世界,培养学生的人文情怀;"启智"关注学生的知识文化和智慧生成,即课程要丰富学生的知识储备,夯实学生的发展基础,赋予学生智慧人生;"育能"关注学生的核心素养和综合能力,即课程要面向学生未来的成长,体现时代发展特征,培养学生适应未来社会的多元能力与素养。

确定了暖记忆课程的框架和结构,学校在基础型课程中提出了"L-O-V-E"课堂建设。我们希望在学校传承的基础上变革,所以也不想"另搞一套",于是结合三门原有的课堂教学4点"兴趣点、分层点、互动点、探究点",请学校英语组教师帮忙,把学校原来的4点与"L-O-V-E"课堂结合起来。经过一个星期的探讨,英语组给出了新的诠释:"L"是 lighten,即点燃兴趣,学得快乐,要创设好"兴趣点";"O"是指 object,即目标明确,关注分层,要落实好"分层点";"V"是指 variety,即方法多样,互动有效,设置好"互动点";"E"是指

experience,即丰富体验,注重创新,激发好"探究点"。

5.引导教师建设学生特长课程

了解了非考试学科教师不带学生社团的情况后,我在教工大会上呼吁了好几次,我们主课教师先要把好学生放出来,课余时间让他们发展自己的兴趣、爱好,我们非考试学科教师重点就先放在这批孩子身上,培养他们的特长,也容易出成绩。

(1)由一个项目到几个项目。不少教师听后慢慢动起来了,第一个让我惊喜的是计算机老师。他们第一次带着学生参加机器人比赛就获得了市级一等奖,我很高兴,也很激动,在全校都在的升旗仪式上为他们颁奖。我说:"我们三门人真棒!我们要么不做,一做,我们就是最棒的。我们读书行,特长发展我们也行!"

但也有老师不动的,比如音乐老师。第一次沟通是2014年4月。我找到音乐教师小袁,商量她的特色项目问题。袁老师当时就反映,自己手上有合唱队,其他项目开展有困难,因为考试学科教师把控着学生,他们抢不过考试学科教师,因此对开展其他项目兴趣不大。我跟袁老师分析,首先合唱队属于学校基本的"三团一队"建设,不属于特色项目。因此,作为音乐教师,她手上必须有特色项目。特色项目建设可以从学有余力的学生抓起,考试学科的教师更多精力可能放在学困生身上。这样各抓一头,人员上就不会有冲突。袁老师表示能理解,让她考虑考虑。

第二次沟通是一个月后。我再次找到袁老师,询问考虑结果。袁老师问:"一定要弄吗?我只会弹钢琴,但这次作为特色项目好像不太合适。"又问我想发展什么项目。我说,学校大方向想发展传统文化,比如戏曲、民乐等,但也不局限,好的项目学校也会支持。袁老师表示自己在戏曲和民乐没什么特长,带这类社团好像困难蛮大的,容她再好好想想。

第三次沟通是半个月后。袁老师主动找到我谈了自己的想法,说:"我很喜欢打架子鼓,但我自己不会,如果学校支持的话,我乐意学。"我跟她确认,想学很好,但一定会碰到困难,学校投入了经费,可是不能半途而废的。袁老师当场表示,如果学校支持,她一定全力以赴,把队伍带起来。我当场表态,学校可以买设备,请好的教练,但不能一直请,在两三年后她要自己学会,然后自己带学生。遇到比赛时,可以请教练来指导。另外,我有三个要求:第一,在明年的学校艺术节上校架子鼓队要亮相,要让全校师生知道学校成立了架子鼓队;第二,明年区艺术节的器乐类比赛,三门中学必须组队参加,要让区内都知道,三门中学有一支架子鼓队;第三,三到五年内必须拿一个区级以上奖项回来。袁老师当场表态,没问题,应该可以的。

于是,学校经校务会讨论决定,学校成立架子鼓队,聘请了上海市打击乐协会的教练,购买了 3 套表演架子鼓和 10 余套练习的架子鼓,招纳了感兴趣的学员,成立了"悦动达人"架子鼓队。于是,学校老师每天就看到,袁老师只要一有时间就在架子鼓室和学生一起练习,和考试学科老师一样,像一只勤劳的小蜜蜂。2015 年上半年的学校艺术节上,架子鼓队很有气势的表演得到了师生们的青睐,报名参加架子鼓队的学员明显增多。

2017 年 4 月,三门中学"悦动达人"架子鼓队获得了"第十一届全国青少年打击乐比赛"上海赛区中学组银奖。此后,再接再厉,学校架子鼓队参加各类相关比赛,近几年来共获市区级以上奖项 10 余个。

乘胜追击,学校又请体育教师带出了沪剧社团,美术教师搞起了漆画,办起了民乐队,开设了智能机器人、3D 打印等课程。我们大力发展的劳技项目,纸艺、绳艺、布艺等项目都越来越有特色,学校还申报了 4 个区创新实验室。

(2)由几个项目到形成课程群。学校充分挖掘教师潜力,开设了不少社团项目:头脑 OM、花样跳绳、葫芦丝、心理、摄影、民族舞等,又整合资源,利用少体校资源,开设了移动靶射击、足球、跆拳道、空手道等课程。学校成立了毽球队,举办毽球嘉年华等活动。我们还购买了少年编程课程、学生实验设计课程等,学校整体架构了"明日之星"学生特色培养课程群。通过教师们的专业提升、专业能力挖潜,学校特色课程从"一枝独秀"到"满园春色",学校让三门孩子人人有特长,实现学生全面发展和个性发展。

6. 系统思考,完善学校管理模式

到三门中学后我发现,学校工作计划是由各个部门制订后,由副校长整合后完成,每学期做什么没有系统的思考。于是我进行调整,学校每学期计划由校长根据三份文件制订。这三份文件是《三门中学四年发展规划》《杨浦区教育系统上(或下)半年工作要点》、上一个学期的工作总结(含存在的问题和没有完成的工作)。根据学校发展规划确定每学期工作推进的进度,确保四年后任务达标。

　　根据教育局的工作要点确定学校本学期工作的重点,上个学期存在的问题和没有完成的任务必须在本学期整改和完成。确定各个条块工作的重点工作、难点工作、亮点工作和常规工作,每个条块又都拆解为量化的任务。我在校务会上展开讨论,并听取分管领导的意见,研究是否适切、能否完成。若无异议,则力争完成;若没有完成,必须说明没有完成的原因,提出整改措施,以及完成的时间节点。在中层干部会议上布置工作,我们要求各部门计划围绕学校计划中的重点工作、难点工作和亮点工作展开,各个工作配以具体落实的措施即可。

　　同样,各个部门每次组织的大型活动,必须有"四件套":方案、活动开展人员分工、活动报道(含照片)与活动反思。活动反思必须有经验总结和存在的问题。存在的问题必须分析原因,并有整改措施或建议。各部门下次再开展同类活动时必须拿出上一次写的反思,把上次存在的问题整改掉,确保活动一次比一次完善。如此要求后,中层干部觉得这样做,工作更加有序和有效了。

　　对于各个部门的工作,我提出不能"眉毛胡子一把抓",要一个点一个点地落实。比如,对于教学研讨课的课型,我要求"四课"都要涉及,即新授课、习题课、复习课和试卷讲评课;每个学期有重点地"磨"一种课型,比较满意了再另换一种课型,扎扎实实地解决一个个问题。又如德育的学生行为规范养成,我们提出"三好行动",每个学期提出问题较大的"三个点",重点改进、强化,变为"三个好";达到要求,做到了"一个好",再换一个点,提出要做好的下一个学生行为规范。一个不到位的行为规范可以强化两个学期、三个学期,直到有所改善。

　　就这样,经过几年的努力,从爱的单向输出到关爱氛围的营造,三门中学的办学理念落实到学校工作的方方面面,关爱教育的价值观逐步成为教师共享的价值观。立足于学生全面而有个性的成长,学校发展拥有更加清晰的方向和动力。

(四) 进一步思考

　　三门中学始终坚守爱的教育,发展和提升关爱教育的内涵,探求学生的全面、个性发展和终身发展。

1. 爱的营造:将爱洒向每一位师生心田

　　办学初期,学校周边环境脏、乱,生源不理想,本就力量不强的教师队伍更觉压力重重。对于占学校学生总数超过三分之一的困难学生,是关爱还是放手,是当时大家议论最多的话题。经过几轮大讨论,本着学校教育均衡发展的追求,教师们统一了思想,学校确定了"将爱洒向每一位师生的心田"的办学理念,提出"关爱后三分之一学生,让每一个学生享受平等教育"的口号。教师们用真心、用真情践行着学校的办学理念,脚踏实地,"苦干+巧干",营造爱的氛围,终于让默默无闻的平凡初中逐步成为备受瞩目的"上海市新优质基地学校"。可以说,关爱教育理念是学校的立校之本,第一代三门人用自己的行动很好地诠释了学校的办学理念,值得三门中学的后生晚辈学习和传承。

2. 爱的提升:让爱滋润每一位师生心田

在新一轮的学校五年规划制订时,学校进一步厘清办学理念,大家集体讨论将原关爱教育的办学理念与时俱进,修改提升为:"让爱滋润每一位师生心田。"我们进一步明确了3个层次办学理念的内涵。

学校让教育在爱中行走:学校以爱激发教师的使命感,以爱成就教师的事业心,以爱树立教师的学生观,以爱营造教师的归属感。

教师用爱生成学生的智慧,用爱生成学生的好习惯,用爱生成学生的坚强、勇敢与感恩,用爱生成学生的快乐与幸福。

关爱教育努力让三门中学实现爱的传递,让爱滋润每一位师生心田,实现学生爱上学习,教师爱上学生,师生共同爱上校园。

教育理念从"把爱洒向每个师生的心田"修改为"让爱滋润每一位师生心田",三门中学关爱教育再次提升。

3. 爱的突破与辐射:关注学生思维培育,促进学生终身发展

多年来,三门中学做到了"坚定关爱理念、抓准问题突破、依托项目展开、始终关注基础、目标逐层提高、理念内化驱动"的教育实践,坚持"精细化培育"的发展策略,学校取得了丰硕成果。这让大家都感到欣慰。

但因为要"精细化",教师把知识点"嚼"得很细教给学生,学校对课程具体实施都有统一的规定。这些举措在学校起步阶段的确起了很大的作用,但随之而来的问题是学生学习依赖性强,主动思考的积极性不高,思维得不到很好的发展。在呼唤教育从"均衡"走向"优质均衡"发展的今天,我们必须用创新的思维来探索三门中学发展的新目标与新途径,在坚守与传承中寻求新的突破。

　　思维培育是对学生更深层次的关爱。学校不仅要关心学生的身心健康，关注学生知识方法的积累，还要注重学生的思维培育，为学生今后的发展打下扎实的科学思维的基础，使学生能终身受益。这是一种对学生更深层次的、真正的关爱。

　　2013年9月，学校确立"关注学生思维培养，促进学生终身发展"为学校龙头课题。三门中学师生面对"提升学生高层次思维能力"这个瓶颈问题迎难而上。作为三门中学教育集团核心学校、三门中学新优质集群发展"群主校"、三门中学"新绿创梦"教研联合体牵头校、三门中学"城乡携手共进"结盟校，三门中学携手二十五中学、同济第二初级中学、昆明学校、辽阳中学、铁岭中学、上海理工大学附属实验初级学校、育鹰学校、上海理工大学附属初级中学、黄兴学校、罗店二中等10所学校，共同直面在校学生高层次思维能力薄弱的这个"短板"，跨校联合开展"关注学生思维培养，促进终身发展"的行动实践。大家共同聚焦课程改革，提出教育问题，校际协同，共同解决教育教学问题，创新发展，形成了"大兵团""共同体"协同攻关的行动范式，也为区域内学校实现优质均衡探索出了一条新的道路。

二、聚焦指向思维培育的课堂建设

（一）发现问题

　　到三门中学的前两个月，我把全校老师的课都听了一遍。给我最大的感受是，三门中学的老师太能讲了，一节课讲三分之二的时间是基本的，有的甚至更多。但三门中学的学生讲得好的不多，想讲的讲不好，讲不好了就不敢讲了。于是，教室里都是老师的声音。

（二）思考问题

　　学校成员拥有了共享的价值观后，关爱教育走向成功的核心要素是什么？关爱教育实施路径又是什么？"擒贼先擒王，射人先射马"，哲学告诉我们，在分析问题、解决问题的过程中，我们要抓住主要问题，着力于问题的主要方面。显然，打造高效课堂，教师专业成长是学校发展的关键。为此，我们认为关爱教育发展的核心是：在办学价值观的引领下，我们聚焦教师专业发展，通过打造一支高阶思维教师队伍,促进学生全面发展,为学生终身发展奠基。我们首先要做的是通过学科教学研究,提升教师思维培育能力,打造能够促进学生自主学习、深度学习的课堂。

(三) 解决问题

1. 努力让课程变暖,让课堂有爱

2013年,杨浦教育提出打造创智课堂,倡导让课堂充满智慧思辨的魅力,在无形中提升孩子们的创新素养。于是,在促进教师专业发展的第一阶段,我们的做法是逐步改变课堂,追求"学生讲得好才是真的好",引导和规范教师"以教为中心"转变为到"以学为中心",努力让课程变暖、让课堂有爱、让学生们在课堂学习中有智慧、有创新。

利用教工大会,我指出了"教师讲得太多"这种现象,然后提出了一个问题:大家是否想过? 我进来听课听什么? 我来告诉大家,我进来听课当然要听你讲得怎么样? 思路是否清新、结构是否合理、语言是否精炼? 但这不是全部,我还十分在意你的学生讲得怎样? 是否自信,是否声音响亮,是否理解切中要害,是否简练、语言规范? 如果你的学生在课堂上自信满满、声音响亮、思维活跃、积极参与、表达清晰、学科语言规范,那我会觉得你太厉害了。你的学生讲得好比你讲得好更让我看中、佩服,这才是老师的天职:培养出了你的学生。

于是,我有机会就在各种场合讲我的课堂看重点,在中层干部会上、在教研组长会议上、在骨干教师会上、在班主任会议上……时间久了,就不只我一个人在讲了。教师们这种从一直在听到逐步开始讲的过程,我认为就是一种观念在改变、理念在转变的过程。这就是我的第一步,转变教师的理念,课堂教学从"以教为中心"转变为到"以学为中心",让学生开始动起来、思考起来。

2. 课堂教学关注学生高阶思维的培育

(1) 确定"关注学生思维培养,促进终身发展"的实践研究项目。第一步完成后,教师认同了我的课堂教学理念。接着,我开始酝酿第二步,但我需要找到一个点、一个时机。恰逢"2012年三门中学学业质量绿色指标测试雷达图"(见图1-1)出炉。从我校雷达图上可以看出,学校的"学业成绩达成"等7

个指标均高于区平均水平,而"高层次能力"(即高阶思维)与区平均水平持平,没有在自己"高出"的位置上,这也导致了其他 4 个压力指数均比较低。

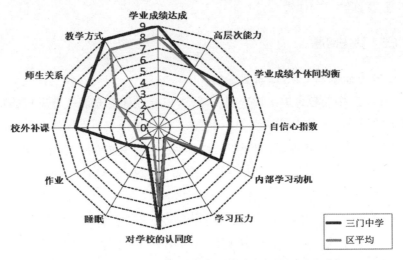

图 1-1   2012 年三门中学学业质量绿色指标测试雷达图

学校班子经过几轮的讨论达成共识,向"短板"挑战,关注学生高阶思维的培育。但一到教师层面一片哗然,教师们纷纷提出质疑:

> 我们是公办学校哎,好学生都让民办学校挑走了,哪里来高阶思维啊?
>
> 我们的学生低阶思维都没训练好,怎么培养高阶思维?
>
> ⋯⋯⋯⋯⋯⋯

面对这种声音,我们认真听取了各方意见,部分采纳了教师们的意见,倡导大家因材施教,不管低阶、高阶思维都要培养,让每一个学生的思维都有所发展,在初中为他们打下科学思维的基础。

又有教师发问:"思维培育和关爱教育有什么关联呢?"经过年级组讨论,大家统一了思想。我们认为关爱分三个层次:第一层次关心学生的生活成长环境、身心健康等;第二层次帮助学生掌握知识、培养各方面的能力;第三层次是关注学生思维培育,养成终身受益的科学思维习惯。因此,学校将"关注学生思维培养,促进终身发展"的实践研究项目作为课程建设新的发展点,旨在探索教与学方式的转变,打造促进学生思维发展的有效课堂,契合学校课程建设目标——"暖心、启智、育能"。

（2）谁来做？大家共同参与。"关注学生思维培养，促进终身发展"实践研究项目确定后，谁来做呢？当时有一种声音很响：考试学科的教师抓质量已经很忙了，项目课题应该是非考试学科教师多出力。我当时找了不少考试学科的教师聊，跟他们谈我的想法，我们三门中学前面的成绩多以时间为代价，但长此以往对学生、教师、学校的发展都不利，我们要向课堂要质量、向科研要质量，否则很难保证明天还有质量。学校希望我们做课题、做项目要真正提高课堂效率，要能提高学生的学力。学校完全了解大家很忙，要相信学校，会做好合理安排。大家共同参与，一起承担，每个人做一点，合起来就很像样了。学校布置的任务肯定贴合大家的实际，不会不要紧，学校会提供样例或模板，相信只要用心都能跟上。我们学校学生成绩好，教师能力强，有目共睹。我们老师是有能力的，一定可以做，而且能做好的。很快，教师们表示愿意参与，为了明天，挑战一回。

（3）怎么做？由点到面探究思维培育的有效策略。2013 年 9 月，学校完成了"关注学生思维培养，促进终身发展"项目推进的顶层设计，以数学教研组为试点，开始在课堂教学中进行思维培育的有效策略探究，明确了学生思维培育项目的推进计划。

这次项目目标为三点：一是确定语数外理化等五个学科的学生思维培育目标；二是探索各学科思维培育的有效策略；三是形成较为成熟的"基于学生思维发展的课堂观察"模式，积累各学科的课堂观察案例。

"关注学生思维培养，促进终身发展"项目研究路径：第一步，现状调研，发现问题，确定目标。我们先要了解学生的思维现状。为此，我们 5 个学科先行设计问卷，在组内研讨，请专家把关，形成了思维现状的调查问卷。

随后，各备课组撰写本年级本学科学生思维现状的调研报告，觉得有困难的依据科研室给的模板，自己有想法的可以自主设计。学校依据各学科的思维现状报告形成学校的总报告。

之后，学校要求各备课组依据本年级本学科学生思维弱点，提出思维培育目标的 3 个关键词。教师们可以查找资料，但一定要说自己理解的。请专家审阅适切性和递进性后，教师最终确定目标关键词。接下来，学校组织备课组对目标关键词进行案例解析，对关键词用自己的理解解释，并用教材上的例题加以案例说明。配套的例题找对了，案例分析讲清楚了，那就说明教师真的理解了，这样才会在课堂上去落实。

第二步，策略探索，课堂观察，确保实效。我们从各科交流的策略，如问题开放、充分探究、实验设计、变式练习、关注追问、简练表达等，汇聚到一个学校主推策略：关注关键问题及其追问。我们从数学、物理、化学几个学科开始试点，逐步推广到语文、历史、地理、道法等其他学科。通过一次次研修，教师也逐渐掌握设计关键问题及其追问的技巧。课堂上，教师们通过恰到好处地提问"怎么想的？""为什么会这样想？"，引导优秀学生充分展示自己的思维途径，起到了很好的示范作用。一些学困生的回答虽然是片段的、遗漏的，但教师可以通过追问，帮助学生梳理出他的思维过程，找到思维的"阻塞点"，进行思维疏导。课堂教学中，学生开始更多深度学习，学习主动性、积极性大大提高，教师经常有意料之外的"收获之喜"。

3. 优化"课堂观察"，思维培育有更好抓手

2013 年 10 月，学校接到"上海市新优质项目组"的任务，要求进行一次市级的新优质学校展示。当时，项目组委派上海教科院普教所的夏雪梅博士指导我们的展示活动。我校在夏博士的指导下，引入了"课堂观察"。课堂观察是研究学生思维的一种重要工具，是通过探看学生的学习历程，将学生的思维用一种可报告、可分析的方式记录下来。

课堂观察与以往传统的听评课存在差异：第一，它是一种基于课堂学习证据的听评课，更有科学性；第二，教师的关注点从原来面上的总体印象精确到一个具体的观察点，更有针对性；第三，教师的评价从传统的个人观点拓展为团队合作的结晶，更利于团队的共同进步。

市级展示后，我一直在思考如何将夏博士有些"高""大""上"的课堂观察落实，如何在日常的研修中自主进行，并将观察重点聚焦到学生的思维发展上。为此，2014 年 3 月，我校首先在数学学科上开始尝试改进。

观察小组从 3 组增补至 5 组，分别为："教师课堂提问"观察小组、"学生课堂对话"观察小组、"学生课堂参与度"观察小组、"学生个体思维表现"观察小组和"课堂后测"观察小组；观察量表从最初的"多而全"精选为针对学生的思维表现；观察的重点不再只是教师，更多的是对学生的学习过程和思维表现的分析。

尝试后，我们发现，教师们的观察报告从心中无底到现在的沉着、自信，既

有对课堂关键事件的关注，也有课堂数据的佐证。更可贵的是，报告中有见地的建议和策略越来越多，智慧的光芒愈发闪耀。

教师们从开始的被动加入到后来的积极参与，正说明"课堂观察"的听评课模式带给大家专业上的进步。以往的听课关注的是面，现在的听课观察的是点，切口的"细小"让教师看得更真、想得更深、建议更加出彩、进步更加显著。大家觉得在课堂观察中有收获、有长进，随之摸索出了不少课堂中关注学生思维发展的有效策略。教师们在小结、反思、提炼中对课堂观察的理解越来越深入，对学生思维发展的关注度也越来越高，教师的专业素养正在不断提升。另外，学校还汇编了《基于学生思维发展的课堂观察指南》，引导更多学科教师一起参与对专业提升有极大帮助的课堂观察。

（四）进一步思考

三门中学"L-O-V-E"课堂建设指向思维培育，点亮学生思维，学校全方位建设了高阶思维文化。

1. 强化课堂行为文化——关注关键问题及其追问的设计，促进学生思维螺旋上升

教师们梳理每节课的关键事件；每个关键事件以一个关键问题为引领，围绕关键问题设计若干有逻辑关联、有层次梯度的追问，组成问题链。通过螺旋上升式的问题链，挖掘、展示知识发生、发展以及问题解决背后蕴含的思维价值，引发学生领悟其中的思想与方法。设计螺旋上升式的问题链，从横向看，可以让不同层次的学生都能参与思考，都有思维空间；从纵向看，可以让学生的思维不断爬坡，让学生的理解不断加深。在具有一定结构的问题链中思考，让问题链成为思维发展的台阶，可以让学生的思维能力得到提升。

"L-O-V-E"课堂中关键问题及其追问的设计原则是：

（1）突出核心问题。思考哪些事牵一发而动全身，最能体现教学目标或概念本质，最能突出教学难点或思维瓶颈的核心问题。

（2）体现学生主体。问题链的设计不需要每次都完全到位，也不能满足于得到教师所想的答案，而应该保持一定的弹性、张力，并体现思维的发散性，留有发挥的空间，从而尽可能地激发不同层次学生的思维参与，让学生在更广阔的思维空间进行有效探索。

（3）加强逻辑分析。围绕关键问题设计追问时，需要重点思考以下 3 个方面：一是选择追问的发问点时，应尽可能把握最有价值的环节，而不在非核心、非关键的细枝末节上做文章；二是确定追问之间的逻辑关系，并列还是递进，先后顺序如何等，应尽可能贴近学生的思维区间；三是把握追问之间的难度梯度，应在学生的"最近发展区"内保持问题难度的螺旋上升，采用内在有序的结构化形式。

2. 打造高阶思维课堂制度文化——学习方式的转变使课堂充满思维活力

通过课堂，教师让学生牢固地掌握知识，是最基本的要求。在此基础上，要获得能力，感悟各学科的思想方法，学会思维，学会学习，在课堂中获得自尊、收获自信、达成自主，培养起"我能学""我会学""我愿学"的观念。这是一个由低到高的层次，掌握知识—形成能力—学会思维—收获自尊、自信、自主。因此，我们要努力进行课堂制度的变革：

（1）从单向式学习向交互式学习转变。在教师组织下，通过学生自主探索，即人与文本、人与自己对话；通过生生互动、师生互动，即人与人对话，动态中生成目标，教师给学生一个对话（能够畅所欲言，集思广益，思维碰撞，在碰撞中提升）的课堂。

（2）从记忆式学习向探索式学习转变。由复制、记忆向生成、建构努力，知识性目标需要达成，学会思维的目标要逐步实现，并具体落实在每一堂课中。由此，让每个学生收获自尊、获得自信、体会"我能""我会""我愿意"，给学生一个开放（思维的开放，精神的自由）的课堂；给学生一个探究（独立的思考，不断的前进）的课堂；给学生一个建构（自主的、探究的、合作的、碰撞的）的课堂。

（3）从接受式学习向体验式学习的转变。从知道、了解、掌握到感悟、体验、体悟（身体力行），给学生一个感悟（建构的前提，给时间和空间）的课堂；给学生一个快乐（这种快乐，不仅仅是感观的快乐，更是思维带来的快乐，是感受到自己能学、会学、愿意学的快乐）的课堂。

3. 营造课堂环境文化——和谐的关系、开放的空间、联动的校外伙伴

（1）建构和谐的师生关系。在课堂教学中形成两种良好的互动：师生互动和生生互动。师生互动中，师生共同探讨、共同研究。在这一过程中，教师给学生以指点，学生给教师以启发，相互促进，共同发展。生生互动中，学生间摆脱了"各自为战"的学习方式，互相推动，从而共同提高学习效益。

（2）营造开放的教与学空间。信息技术的融入使课堂更开放,促进学生学习方式的改变,助推教师教学方法的改变。信息技术与学科教学的整合创造出一个图文并茂、有声有色、生动逼真的教学环境,帮助学生适时获取信息、分析综合信息,实现教师"精讲多练"的目的,培养学生信息素养以及利用信息技术自主探究、解决问题的能力。

（3）牵手联动的校外伙伴。利用三门中学教育集团、新优质三门中学群、三门中学数理化教研联合体等平台,开展"'魅力数学'创智长作业小课题讲演赛"、物理家庭微实验、"'发现之旅'物理'云'竞赛""十月诗会""'新绿杯'汉字听写大赛",拓展学生的活动空间,提升学生的探究热情、团队合作能力、信息技术应用能力和思维能力。

三、助推教师专业素养的自主持续提升

（一）发现问题

到任三门中学,听了一轮课后,我发现不少教师基本功很扎实,问他们为什么不肯评高级职称? 他们都回答我:太烦了,考这个考那个,又要论文开课,没精力。2013 年申报区骨干时,问了一圈,除了原来的一个,没人肯申报。项目刚开展时请教研员来指导课,有教师对我说:"我又不评职称,又不评区骨干,干吗叫人听我的课?"还有教师说:"搞课题项目分散精力,成绩还要不要了?"当时不少教师抵触得很,认为只要有成绩就可以了。

（二）思考问题

教师在学校如何算是专业站住了脚,被同事认可? 通俗地回答是:课上得好,对学生好,最后还有——不断进步。教师不仅是教学者、教育者,还应该是研究者,要在实践反思中不断改进,在专业研究中"更深、更宽"地提高自身的专业素质。实施关爱教育过程中,研修活动、专业研究将助力教师实现可持续发展,从而促进学生持续、健康、快乐地成长。要促进学生全面发展、可持续发展,我们必须紧抓教师专业可持续发展,因为教师专业发展是促进学生全面发展之前提条件。

（三）解决问题

针对教师安于现状，无意专业再发展的情况，我一方面不断营造舆论氛围，现在我们的成绩是向时间要质量，但如果不做改变，提高课堂效率，在减轻学生负担的大背景下，明天就不一定有质量。另一方面，我要求教导处、科研室每次项目研修活动，必须精心设计，力争每次活动，确确实实让教师有收获。只有教师真正有感悟、有提高，再组织活动时，教师才会积极参与；这样才能用研修活动逐渐吸引教师，引导教师走上专业研究、专业上进之路。

1. 开展"一日研修"，备课从"两备"精细到"五备"

我们本着"向研修要质量，靠研修出效益，借研修创特色，凭研修出名师"的原则，开展了7年多的"一日研修"主题活动。最初，学校以数学组为试点引入"一日研修"的教研模式，要求同一备课组教师同课同构，经历"三研修""两观察"的过程，即"课前研讨—开课观察—评课调整—开课再观察—再议再修改"，探寻课堂中促进学生思维的策略和方法，同时希望能逐渐改变教师的教学行为，更多地关心"学生的学"，关注学生的思维发展。（见图1-2）

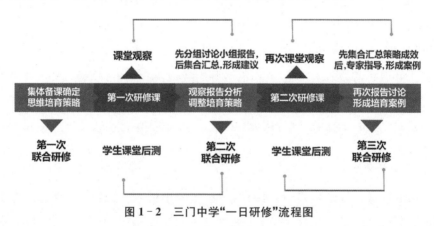

图1-2 三门中学"一日研修"流程图

我们的"一日研修"从"两备"开始，即"备教材，备课件"，同一备课组教师集体研讨，确定教学内容，并制作好课件。3位数学教师根据本班学生实际略做微调的教案和课件，却上出了差异较大的教学效果。这给大家冲击最大的是：学生的基础差不多，为什么课堂容量差这么多？大家研讨下来发现，不同的课堂组织形式对课堂效率影响较大。A老师整节课基本都是单一的"一对一"启发式问答,容量较小,学生参与度不高。B老师题目扔下去让小组解决,学生们不同的解法充分交流、反思,学生参与度高,课堂活跃容量反而大。

继而,我们提出突出"备课堂组织形式",每道题下去是"单兵作战"还是"同桌互助"抑或"小组讨论",应依据学生实际事先做好设计。

但即使有了"三备",大家发现,还是有问题。A老师课堂节奏感好,整节课流畅有效,学生学习效益较高。B老师在新课引入时的核心问题学生听不懂,学生一直在猜老师要什么答案,教师又没有及时跟进说明,兜兜转转近10分钟,导致教学任务没完成。大家觉得这个核心问题很关键,但没有设计好,一致认为对课堂关键问题的设计尤为重要,不同的关键问题设计对学生思维的促进程度有明显的差异。于是,教师们再继续追下去要求第四备——"备关键问题"。通过学习,大家发现每节课都有3个左右的关键事件,每个关键事件可以用关键问题为引领展开学习。

但实践中,我们发现即使做到"四备",学生的思维表现又因教师的追问、反问的不同产生了较大的区别。有的教师教学机敏性强,根据学生的回答及时调整,进行适切的追问,但不少教师课堂当堂反应不到位。我们又将教师提问维度深入到追问,对关键问题的各种可能充分预设的情况下设计追问,追问以展示学生的思维路径为目的,这就是第五"备"——"备关键问题下的追问"。追问要逻辑严谨、思路清晰、主线明确,将学生的学习引向深入。

就这样,经过3年左右的探索,学校课例研修从"两备"到"五备":备教材、备课件、备课堂组织形式、备关键问题和备关键问题下的追问。这种被老师戏称为"秤一秤"的同课同构模式,虽让老师倍感压力,但也乐在其中。因为经过三年多的探索,老师自己感觉在成长,从"关注教学内容"变为"关注学生的学习",由"教师主体"变为"学生主体",由宏观上的"理念方向"变为"具体操作",把学生思维引向纵深,实现思维突破。随后,学校把数学教研组的"一日研修"推广到学校其他教研组。经过近一年各个教研组的实践、调整完善,又提炼升级为学校通用的研修方式。

三门中学"一日研修"从"两备"到"五备"的生长过程是教师们先进教学理念不断生长的过程,是教师们对学生思维培育以及课程效力不断生长的过程,也是他们清除课程领导力传导障碍的过程,还是学校对整个课程的把握和对上下贯通的能量不断增长的过程。

2. 学校成立教师专业发展小团队,教师群体共同发展

从 2017 年开始,随着学校办学规模的不断扩大,以及老教师的退休,学校逐渐引入新教师,新教师的人数从个位数变成了两位数。如何带好这支年轻的队伍又成了我的心头事。我觉得新教师的前三年很关键,必须适当给压力、给平台,让他们打好做教师的底色。于是,我提出成立教师专业发展小团队,成立语文、数学、英语、理化、综合、班主任 6 个小团队。每个月小团队教师轮流开课研讨,请教研员和区名师上门指导如何上课、如何评课。通过不断研讨,学校青年教师进步很快,有 4 位青年教师被评为区教学新秀和区骨干后备,有 5 位青年教师在市级教学比赛中获奖,4 位教师在"杨浦区'小荷杯'教学比赛"中获奖,其中不少都是一等奖。2020 年下半年,学校又成立了"教师专业发展小团",给成熟型教师搭平台,让他们在专业上有所突破,也力争让学校在"双名"工程建设中有"零"的突破。

2017 年,学校被评为"杨浦区教师专业发展学校",又是"杨浦区见习教师培训基地学校"。现在许多教师都要承担带教任务,学校现在既是"上海市课程领导力项目学校",也是"杨浦区课程领导力项目学校",还是"上海市百所强校工程实验校""上海市新优质项目基地学校"。

随着项目课题的增多,教师的开课、撰写案例的任务也增多,但教师渐渐坦然接受。就像学校副校长钱毓琴所说:"2014 年刚到三门中学时,听校长说要教师教学展示,我就头疼,因为手上没牌。现在校长再说,我一点都不担心,能上课、能上好课的老师太多了。"教师的积累多了,获奖案例有了,市区级公开课有了,市区级大会交流发言有了。在 2018 年评区骨干时,不少教师有了底气,纷纷申报,学校区以上骨干从原来的 1 个增加到 2020 年的 9 个。

(四) 进一步思考

三门中学始终强化师资队伍制度建设,为教师专业自主持续发展提供系统上的保证。

1. 开展师德素养研修

学校秉承"让爱滋润每个师生心田"的教育理念,开展内涵建设系列活动,提升教师职业素养,让"关爱教育"内化于心外化于行。学校组织教师开展了"学两代楷模、争做四有教师""情系三门,爱满校园""讲情怀,守初心,办温暖人的教育""理想就在岗位上,信仰就在行动中"等师德建设系列教育活动;在各年级组织开展教师学习讨论,撰写学习心得,利用暑期校本培训进行"关爱教育 30 条"心得体会交流活动,评选优秀案例汇编入学校《关爱教育 30 条》校本研修资料册。学校还聘请身边优秀教师开展专题讲座,不断激励教师在工作中积极践行爱、传播爱的自觉行为。

2. 健全制度

2020 年结合学校强校工程发展目标,学校制定了"三门中学强教师队伍发展规划";师训处学期初结合学校工作计划制订教师培训计划,期中联合教导处、政教处开展计划落实与推进,期末开展总结;每位教师也制定了强校工程下的个人发展规划。另外,寒暑假教师校本培训都要有考勤有记录;见习教师带教教师、教育集团带教,以及宝山罗店二中带教都要有计划,且要有工作记录。

3. 专家引领

学校聘请黄琴、陈小英、顾群、徐良、祝智颖、周兴强、杨丹娜、丁正建、陈奕、孙延燕、何平、朱毅、白晓琦、叶霞敏、李萍等专家为学校教师发展导师,指导教师专业成长,指导教研组的教学展示活动,引领教师课题研究。专家们的悉心指导让教师迅速成长,成立了三门中学班主任专业发展小团队和学科专业发展小团队。学校聘请各学科区教研员为发展小团队校外导师,各教研组长担任校内导师,由小团长制订学期活动计划,每月进行一次听评课,轮流上课、评课。教师专业发展小团队由师训部负责管理评价,教工团积极协助,学期末进行评价考核。

4. 团队支撑

学校通过"一日研修"、课堂观察等活动磨砺教研组,学校的数学、理化生教研组是区优秀教研组,数学组是"上海市巾帼文明岗",理化生组是"上海市工人先锋号"。学校每学年评选星级备课组,每学期组织团队到宝山区罗店二中开展主题研修活动。2018 年,教师们在集团、集群和联合体范围内开展"一日研修"课堂观察活动共 11 次,在一次次团队活动中教师不断成长。

5. 机制保障

学校课题经费确保 100％专款专用,其中 20％的经费作为聘请专家指导,其他部分均用作教师开展各个层面的研修活动、编印教育教学成果以及开展特色课程建设等,切实为教师的专业发展提供保障。

教师专业发展是从个体被动发展、到个体主动发展,再到群体共同发展。三门中学所有的教师都被调动起来了,纷纷加入教师专业研究的行列,由此教师的专业素质得到快速、持续提升,高阶思维教师队伍日渐壮大。三门中学高阶思维教师队伍的建设,初步实现了学校培育学生全面发展和个性发展,为终身发展奠基了目标,学校关爱教育发展进入了快车道。

第二章　实践路径之：全员全面的德育渗透

三门中学坚持立德树人，"办学以人为本，育人以德为先"。教师们坚持课堂育人，提高课程德育功能。学校依托上海财经大学、同济大学等高校及社区的各种资源深入开展关心下一代特色工作；加强心理健康教育，促进和谐校园建设。学校被评为"上海市心理健康实验校""上海市心理健康教育先进集体""全国教育系统关心下一代工作先进集体""杨浦区行为规范示范校""杨浦区德育先进集体""杨浦区雏鹰大队"。

一、全员德育，让爱滋润每个孩子

三门中学积极开展"两纲"教育，关注学生的身心健康，培育社会主义核心价值观。学校坚持全员德育的理念，以养成教育为抓手，将学生的思想道德建设纳入学校教育的全过程，抓实每一件小事的养成，成就有素养的三门人，使德育落到实处，提高德育工作的针对性和实效性。

(一)同筑健康校园，守护生命阳光

《上海市中长期教育改革和发展规划纲要》中提出："未来上海教育的改革发展，要以育人为本，把'为了每一个学生的终身发展'作为贯穿教育改革发展的核心理念。"这个提法着眼于学生终身发展的内在需要，以德育为核心，更注重人的发展，尤其是在个性发展中培养学生的创新能力、实践能力和健全的人格，使素质教育更加体现新时代的要求。

蔡元培在《中国人的修养》一书中说，决定孩子一生的是健全的人格修养。要有人格的正常和谐的发展，生理、心理、道德、社会各要素统一、平衡、协调，而

不是成为在思想上"缺胳膊少腿"的人。学校在培养学生全面发展的过程中,关注学生生命成长,培育学生健康人格,提升道德情操,体现教育的本原价值。

学生健康包括学生的心理健康与身体健康。为此,学校开展了很多的工作,设置了专门的心理咨询室、体质健康测试教室、安全体验教室等,配有专职心理老师,经常开展心理讲座、班会、游戏活动;学校还举行了"阳光文化节"系列活动,也是为学生在紧张的学习之余,提供一个放松心情、展示才能、放飞自我的舞台。

印度诗人泰戈尔曾说:"教育的目的应当是向人传递生命的气息。"我们的班主任是班级管理的主要实施人,在完成学校教育目标的基础上,更要预防、调节和解决学生成长过程中的各种身心问题。那么他们在班级工作中遇到了哪些棘手的情况,又是如何应对解决的呢?

德育是每一位教职员工都要参与的工作,学校也一直秉承全员德育的理念,任课老师和卫生保健老师在工作中也时刻关注、关心着学生身心健康。在与大家的交流中,我们感受到的更多是三门老师日复一日、年复一年不变的工作热情,对每一位学生、每一堂课、每一件事认真负责的工作态度,以及不断总结、不断学习、不断改进的工作追求,这正是三门中学能够跻身"上海市新优质项目学校"、荣获"五一劳动奖章"的根本原因。

青少年是祖国的未来、民族的希望,青少年阶段是人生的"拔节孕穗期",最需要精心引导和栽培。相信在校领导以及全体老师的教育指引下,三门学子一定是学习路上最快乐、最健康的阳光少年!

(二) 齐抓共管全员育人,做学生健康成长的引路人

三门中学的办学理念是"让爱滋润每一位师生的心田"。在这一理念的影响下,学校的教职员工全员参与德育、全面关心学生健康成长,积极指导学生的学习生活、心理健康,引导学生学会做人、学会生活、学会学习、学会合作,培养学生良好的行为习惯,真正做到全员、全程、全方位育人,全面提高学生综合素质;为学生个性发展、全面发展和终身发展奠定基础。每个学生都需要关爱,"严在该严处,爱在细微处"。只有热爱学生的教师,才能真正理解这句话的内涵,并努力去实践。具备了这样的师爱,就一定会在教学实践中满腔热忱。因此,对学生在活动中要多留意、多观察、多关心、多鼓励,努力沟通师生

情感,搭起相互信任的桥梁,建立起和谐、平等、融洽、纯真的师生关系。

教师无私地奉献着自己真挚的爱,善于从学生的一言一行中发现闪光点、挖掘他们内在的潜力,鼓励他们培养乐观的生活态度,帮助他们树立远大目标,激发学习的浓厚兴趣。教师将教书与育人相统一,认真履行着教书育人的双重职责,关爱着每个学生的健康成长,成为学生"思想上的引导者、学业上的辅导者、生活上的指导者、心理上的疏导者、成长上的向导者"。

(三) 形成正确的集体舆论,让学生在温暖集体中成长

教育家苏霍姆林斯基曾说过:"爱,应该是道德的核心,人们对爱的需要,是产生伟大精神的源泉。爱的教育应当是整个德育的主旋律。"学校倡导的关爱教育则是催生心灵花朵的阳光,是人间最温暖的情感。同时,关爱也是一种最真挚的行动,是开启心灵之门的钥匙,滋润着每一位师生的心田。

一个良好班集体的形成,离不开班主任的领导、组织和管理,要在预备班开始注意引导同学们树立共同的奋斗目标,形成正确的集体舆论。在班集体的建设中,班级文化是构成班集体最有活力的基础,体现了一个班级独有的风格。班主任用制度文化和自己的人格魅力去感染学生,凭借学生的自主管理深入他们的心灵,陪伴着他们走向成功的彼岸。

教育的理想在于使所有的孩子都成为幸福的人,使他们的心灵充满快乐。然而,如果在行为习惯上有着这样那样诸多的毛病,学习上有着困难和障碍,那该怎么办呢? 我们的班主任会想方设法关心学生在其他活动领域中的较好表现,帮助他树立自己的尊严感,体验自豪感,从而转化为改正缺点、克服学习困难的一种动力。

课堂教学是老师"教"与学生"学"的交往与互动,是师生双方相互交流、沟通启发的过程。老师们热爱每一位学生,尊重每个孩子的个性,帮助他们全面提升。

三门的校园美丽如画,三门的老师心怀关爱,三门的课堂创生智慧,三门的学子茁壮成长。关爱是人类最美的语言,关爱是人类最好的教育,唯有关爱才能点燃学生永不熄灭之火。我们要让教育在爱中行走,让爱滋润每一位师生的心田;用爱生成学生的智慧,生成学生的好习惯,成就他们的快乐与梦想,同时也成就自己,收获难以忘怀的感动。让三尺讲台,成为我们孜孜不倦的追求。

（四）以学生发展为本，让每一名学生都成就精彩

学校面向全体学生，以学生为主体，以教师为主导，构建民主、平等、和谐、融洽的师生关系。我们坚持把"让每一名学生都精彩"作为学校一切工作的出发点和落脚点，营造学生人人受关爱的良好育人氛围，引导学生做学习和生活的主人，培养学生人格健全、行为自律、学习自主、生活自立、心理自强的良好品质。在三门中学的教学楼内随处可见的是学生的书法、剪纸、漆画作品。校长办公室内挂着已经毕业的学生赠送给学校的题字，学校的校名也是在校学生亲笔书写的，创新实验室里学生的创作的作品琳琅满目。

"我不知道还能在哪里找到这么好的老师，她对我的孩子简直比对她自己的孩子还要好。"这是钱同学的妈妈对初三年级组长江敏老师的评价。多年来，江老师孜孜不倦，尽己所能去改变刚入学时那个自卑、内向、自我封闭的钱同学。鼓励、建议、掌声——这一切让钱同学如沐春风，让这个大男孩在阳光下遇见了更好的自己。"区优秀班主任"、上海市"园丁奖"获得者吴燕艳老师也始终将学生装在心里，时时想着学生，要求学生做到的自己必先做到。她是一个好老师，始终坚定自己的信念——"一个都不放弃"。她经常坐在学生中间倾听他们内心真实想法。"感动校园人物"刘晓彦老师虽已年过半百，但为了教育梦想，她克服重重困难，毅然远赴贵州遵义支教，在当地学校组建了"爱心驿站"；平常哪怕再晚再累，她仍然坚持利用放学时间给学生辅导数学题。她班中的申同学也是刘老师的骄傲。申同学毕业后考入杨浦职校，参加国际比赛获得了大奖，还被评为"上海市十大优秀青年"。在三门中学，这样的老师还有很多很多。我们每一位教育工作者都秉承关爱教育的理念，做好学生的人生导师，即不仅要授业解惑，还要立德树人。

二、主题活动，让暖意充满校园

（一）以"精心的态度"叩开"心灵之门"

1. 温暖学生心灵：给"后三分之一"的学生更多关爱

（1）关心理解教师，燃起教师的转化热情。"后三分之一"的学生教育工作任务繁杂艰巨、易反复，大部分教师都有一定的心理压力。针对学校教师以

年轻妈妈居多，她们在学校工作和家庭事务上比其他教师更辛苦。为了使她们更安心地工作，学校经常了解教师的教学情况和困难之处，对教师们的生活、工作和家庭困难都给以及时、热情的关心，并尽力帮助解决。经过一系列工作，教师们的工作热情被调动了，她们全身心地投入到转化学生的工作中。

（2）建立干部蹲点制度。学校高度重视对"后三分之一"学生的转化工作，要求全体教师齐抓共管。学校成立以党支部为牵头、党团干部共同参与的课题组进行跟踪，采取各种方式的行动研究，对"后三分之一"学生做到从生活上、学习上给予关心、帮助和支持。并提出"关注3个重点"，即关注重点班级、重点学科、重点学生。校领导蹲点重点班级进行调研，选派优秀师资任教，定期研讨。从教导处、教研组、任课教师3个层面对薄弱学科进行重点管理，专题研讨薄弱学科的成因，并制订相应的对策，加强对薄弱学科的质量监控和教学过程检查。对"后三分之一"的学生，学校领导定期进行排摸，参与帮困工作，从制度上确保了对"后三分之一"的学生的有效帮扶工作。

（3）开展"一室""两活动""三会"工作。"一室"是指为"后三分之一"的学生全天开放心理咨询室和心理热线，提供及时的帮助。"两活动"是指"一对一"结对帮困活动和"三区联合"活动。在"一对一"结对帮困活动中，由全校教师、大学园区的学生、关工委老同志分别结对"后三分之一"的学生，对困难生进行面对面辅导；利用学校毗邻上海财经大学、同济大学和复旦大学，学校会定期组织"困难"学生前往大学园区、社区参加形式多样的三区联合活动，丰富学生的学习生活。"三会"是指"后三分之一"的学生座谈会、"后三分之一"的学生家长会，以及"请进来"专家指导会、教育研讨会。学校多次召开"后三分之一"的学生座谈会，采取互动形式倾听他们对年级、班级教育教学的意见，了解他们的心理需求；学校定期召开"后三分之一"的学生家长会，聘请专家对家庭教育方法进行指导，建立与"后三分之一"的学生家长的及时反馈通道，告诉他们子女在校情况与表现，争取家长的最大限度配合。

2. 让暖意永留心田：全方位开展心理教育

（1）注重心理工作的"软""硬"件建设。学校有两位专职心理教师，注重班主任心理培训和全体教师心理辅导资质的培养。同时，经常邀请区心理教育专家以沙龙的形式为班主任及全体教师进行培训。学校设置有心理辅导室、宣泄室、音乐放松室和心理专用教室，每周一至周五中午对学生开放一小时。由心理辅导教师为学生提供个别及团体咨询,并根据需要开放宣泄室和放松室进行活动咨询。每位来访学生的咨询情况都留有详细的记录,并做好了咨询后的回访工作,学期末会整理出典型的咨询案例。同时,我们还为每个学生建立了心理健康档案,从而加强对全体学生的关注。

(2)注重心理课程建设和科研工作。学校在初一年级开设以区心理教材《心灵体操》为内容的心理辅导课。在预备年级开设拥有校本教材的"心语沙龙"课。在每周二下午开展心理健康教育拓展课。学校心理教育与体育教学通力合作,共同研究和探索的课题"利用系统脱敏法治疗中学生跳山羊恐惧症"成果在《中国体育》月刊上发表,《初中生心理健康主题教育中的情感渗透》获区德育论文竞赛三等奖,学校还进行了"初中学习困难生综合干预的实践研究"的课题研究。

(3)坚持心理主题月活动。学校每学期举行心理月或心理周主题活动,如"架起友谊的桥梁——如何交友""深深父母心——理解父母""师生零距离——走近老师"等一系列团体辅导活动。每学期各年级至少开设两次学生讲座,其主题与心理月活动相结合,由心理教师与学生进行互动,分享心理主题活动中的各种情感体验,从而让学生获得更多的智慧和启示。每周二下午第四节课是学校"同心圆心理社团"活动时间,不同年级的十几位成员相聚在"心语茶吧"进行主题团体辅导活动。学校还定期对学生家长开展初中生心理及亲子沟通等系列讲座,使家长更好地了解子女在青春期的心理特点,从而使亲子关系更融洽、和谐。

3. 营造美好的心灵港湾:开展丰富的感恩主题活动

(1)各中队积极创建"'我家我秀'温馨教室"。学校通过充分发挥学生的主观能动性,使各班教育的墙面都有了自己的特色:制定了"三好行动"班规公约,人人恪守承诺;设计了文化情境"缤纷节日""快乐假日""雷锋精神""我爱我班""心灵驿站""才艺展示""感恩行动""校园安全""少年梦想"等主题,美化班级环境;设置了"读书角""生物角"并通过加强教室内务整洁的检查与反馈,倡导教室的"洁齐美";充分利用校运会的广播操比赛、项目比赛锤炼班级团队精神;倡导上好每月一节主题班会课,通过行规建设、热爱祖国、法制课堂和心理健康班会,指导学生干部自我管理、自觉主动地参与班级和学校的管理。"温馨教室"成为教育学生成长、激励学生奋发向上的温馨乐园。在"温馨教室"里，学生感受爱，并能主动成为传递爱的使者。

（2）仪式教育为载体，推进养成教育。通过每周一次的升旗仪式、"秀出青春梦想，争做阳光好少年"少代会仪式、"团旗下追逐青春梦想"新团员入团宣誓仪式、"红领巾心向党"换大号红领巾仪式、"新年心梦"团员实践考察等，以及少先队特点鲜明的队组织生活形式，加深队员的深刻印象，在队员中形成积极向上的态势。学校还每年在少代会上推选优秀队员担任队干部，从而发挥好榜样作用；定期开办"少年团校"，做好"推优"入团工作。

（3）结合纪念日与节日开展感恩主题教育活动。学校每年在3月5日"学雷锋日"开展"心中的雷锋""雷锋精神伴我行"系列活动；结合3月8日"妇女节"，开展"感恩父母"心意卡制作活动；结合植树节，组织团员参加校园公益劳动；结合劳动节开展"学雷锋，感恩身边默默奉献的人"，组织学生问候校园内的食堂员工、保洁阿姨、门卫及学校的教辅人员；结合教师节，开展知恩、感恩系列教育活动；并在"感念师恩"主题升旗仪式上，传递全体学生对老师辛勤付出的感怀之情。学校结合校运会开展"感恩亲密小伙伴"活动，组织学生相互挖掘优点，取长补短，共同提高，传递同学间的友爱。

（二）以"精彩的平台"铸就"成长之门"

1. "三好行动"促行规养成，志愿行动亮少年风采

（1）"三好行动"落实养成教育。学校每学年开展以养成教育为重点内容的"三好行动"，培养学生良好的学习、生活、锻炼的习惯。"三好行动"每个学年都有主题重点。如，2012学年重点抓"早晨读好书""中午吃好饭""傍晚跑好步"，2013学年重点抓"做好作业""吃好午饭""做好锻炼"。学校通过升旗仪式、校会广播、板报橱窗等多方面的广泛宣传和发动，提高学生的认识与理解。

在较难落实"中午吃好饭"这条时，恰逢团市委、上海市学联和青年报共同发起倡议，建立"校园光盘联盟"，目的是消灭剩饭、剩菜，拒绝浪费，做"光盘"一族。这和学校的行动目标非常贴近、吻合。学校团总支积极响应倡议，成为全市第一所参加"光盘联盟"的初级中学。随后记者的采访、报道，极大地鼓舞了全校队员，各中队以各种形式投身到"中午吃好饭"的行动中。有的中队采用个人打分制、小组竞赛制，还有的采用结对互助式。每天情况由执勤教师检查，每周处务会小结；学校每月评选"三好行动班级"和"三好队员"。"三好行

动"将学生习惯的培养制度化为全校行动,使文明新风充满整个校园。

(2)志愿者服务回报社会。学校组织志愿者服务队关爱特殊青少年群体,开展"手拉手活动"。学校坚持与三门路上的"阳光之家"携手开展志愿者服务活动,并制定了活动制度、落实了活动班级、确定了活动时间。每次活动都要选择一个主题,有体育活动类、趣味桌游类等。志愿者服务活动的开展,培养了学生回报社会的奉献精神。学校还组织同学们关爱特殊困难学生。学校初三(4)班陆同学经多家医院确诊为淋巴癌晚期。在三门中学的4年中,每学期班主任老师和大队辅导员都会去医院或家中探望,送去慰问和全校师生的温馨祝福。这里更多的是全体教师和同学们奉献爱心、真情相助,一笔笔传递着爱的暖流的捐款及时送到了家长的手中,为陆同学的康复提供了帮助。学校志愿者服务队与上海财经大学经济学院志愿者队联手开展"爱心无限、志愿同行"公益伙伴日捐书活动。短短一星期,全校共收到队员们捐出的各类图书1441本,并由大学生志愿者统一包装,运送到贫困山区的伙伴们手中。三门学子用自己的实际行动践行着"同在一片蓝天下,爱心牵起你我他"的志愿誓言。

2."阳光少年"多才多艺

(1)每年评选"阳光少年"。每年年底,学校"阳光少年"的评选是全体志愿者服务队队员们的一件大事。大家通过自荐、互相推荐、中队投票等方式推选出心目中的"阳光少年"。此外,还推选出优秀队员担任队干部,发挥好榜样作用;定期开办"少年团校",做好推优入团工作。严肃认真完成一年一度的少先队各项推优工作,积极帮助队员、教师、中队向更高层次迈进。

(2)"阳光文化节上""秀"才艺。一年一度的校园"阳光文化节"为学生们搭建了展示才艺的平台。学校组织艺术类、体育类、科技类等十多项活动,如"诗歌朗诵大赛""班班大合唱比赛""心理剧课本剧展演""环保时装秀""班级黑板报评比""绳艺、纸艺比赛""记实现场绘画比赛"、摄影展、书画展、"阳光体育大联赛"等项目,让学生们个个风采熠熠。指尖流淌出的优美旋律,翩翩而起的动人舞姿,惟妙惟肖的戏剧表演,清脆嘹亮的悠远歌声,灵动双手下诞生的美妙工艺品,激动人心的拔河比赛等,构成了一道"三门学子秀风采"的独特风景。学生们用饱满的热情、嘹亮的歌声表达对祖国、对校园、对师长的热爱,为快乐的校园生活添彩。

三、平台搭建,助力学生全面成长

(一) 三区融合拓展学生成长平台

我们的整体思路是：构建"学校主体办学＋社会合力办学"的链条,突破办学边界,构筑育人合力。促进学生成长的力量是多元的,因此学校办学的力量支点也是丰富的。杨浦是高校教育资源和科技企业资源集聚的城区,具有"三区联动"的区域发展共识。三门学校毗邻上海市财经大学、复旦大学和同济大学,有着得天独厚的教育资源。为此,学校加强对社区、大学园区和学校的资源整合优化,激发多方教育的活力,为学生构建丰富多彩的成长平台。

1. 整合多元化社区资源,形成社校合作机制

社区不仅是生活的场所,还是教育资源汇集的地方,更是学生成长的重要空间。学校与社区建立友好的合作关系,在避免社区对学生成长产生负面影响同时,更加注重挖掘社区中支持学校的积极力量,为学校发展提供良好的社区环境。

一是发挥关心下一代工作委员会(以下简称"关工委")作用,传递爱的教育。区关工委的老同志们不辞辛劳,毫无保留地发挥出他们的余热,为学校的教育做出了巨大的贡献,使学校"爱的教育"理念得以发扬和光大。特别是在开展三区联动关心下一代工作中,老同志们发挥了政治宣讲员、业务辅导员、帮困员作用。

二是发挥居委会作用,丰富学生社区实践。学校与属地 6 个居委坚持合作例会制度。每学期开始和结束分别召开两次会议,就学校的开学工作和结束安排及时和居委沟通,把学校办学的理念、师资队伍的建设和学生素质的培养及时和居委共商,积极听取他们的意见。尤其在寒暑假前召开的联席会议,每一次学校和居委都就假日工作的指导思想和组织的各项活动进行充分交流,达成共识,相互补充。

三是发挥社区基地作用,培养学生志愿者服务精神。在每学期学校提出的创建学生志愿者活动优秀项目的问题上,各居委都发挥优势,积极配合。例如,三门居委不仅向我们学生开放参观三门路 480 弄小区的生活垃圾的减量分类工作,还和我们联合成立志愿者工作站,做好垃圾分类、变废为宝的宣传,

以及和学校志愿者结对,通过"小手牵大手",给双目失明的糖尿病患者送去青春的气息和欢乐。

2. 建立大学生励志基地,发挥同伴示范效应

大学生与中学生年龄相近,有许多共同语言,容易相互影响。为此,我们与高校联系,将学校作为大学为中学生开展励志教育的实践基地,充分发挥大学生良好的人生观、价值观、意志力,以及学习方法等对学生的正面影响。

一是开展励志班会。例如,每学期上海财经大学经济学院派遣 30 多位大学生利用班队会时间与学生进行面对面交流,每次都凸显不同的主题。学校请品学兼优的大学生给学生谈如何更快地适应不同的学习环境及如何找到适合自己的学习方法;请贫困大学生给学生讲述自己如何逆境中成长的经历,激励学生自强不息。大学生给学生讲述心灵故事,和学生一起编排心理剧、组织心理游戏、参与学校"温馨教室"的建设。大学生认真关注同学们处于目前年龄段中可能遇到的问题,如学习技巧、考试心理、正确择友、青春期处理男女同学关系等,从而引导同学们关爱心理健康、学会沟通等现实问题。

二是"大学生老师"义务支教。每学期,上海财经大学经济学院会选派 30 多名学生,帮助我校提高进城务工人员随迁子女的学习能力、疏解其不良心理、了解他们的生活,乃至与其建立长期联系。同时,安排志愿者有针对性地根据学生的需要进行补课。"大学生老师"花了大量的时间研究初中课本,翻阅资料,认真备课。他们用通俗易懂的语言、贴近生活的教学方式,每周一次为随迁子女耐心地补习功课,深得学生喜欢,并收到了明显的成效。每位志愿者给"牵手"的学生配了一本成长记录本,用于双方了解、沟通、记录、评价等,以及记录学生活动感受的点点滴滴。学期结束时,"大学生老师"还给学生写上祝福寄语,祝他们勇敢、快乐、自强。

三是"心愿放飞"行动。每学期,上海财经大学的学生都要帮助三门中学的 20 位随迁子女学生完成心愿。有带学生看电影的,有为学生购买书籍、文房四宝、运动用品的,有一起解决父母和孩子沟通问题的,有帮助困难学生爱心捐款的。大学生们用赤诚的爱心实现了学校学生的一个个心愿。尤其"精品心愿树",即随迁子女家访活动,切实为他们带去关心和温暖。了解到他们的需求,大学生们通过"沟通交流—收集心愿—家访—实现心愿"一系列步骤,让每位随迁子女的心愿都圆满达成。大学生志愿者激励每一位学生上进,赏

识每一位学生的才华,让每一位学生积极参与,期待每一位学生获得成功。

3. 开展走进大学活动,培养学生创新意识

创新载体是创新学校德育活动的重要途径,丰富实践是实施素质教育培育创新人才的重要方式。学校充分依托两个大学的基地优势,实施以"大手牵小手"活动为载体的教育创新试验,以增强学生的创新意识,加强创新实践,培养创新能力。

一是聆听高校讲座报告。学校邀请同济大学教授、博士生、硕士生每学期一次来给我校师生做环境与科普讲座。主题分别为"可持续发展""全球环境问题与对策""从身边环境着手,培养保护环境意识""环境与人的生活、环境与校园发展""环保与科技""水,生命之源""上海城市水资源现况""生活用水的来路和去路"等。同时,还组织学生观看《海洋》纪录片等,同学们从中开阔了视野,增长了见识,并将环保的理念带到自己的生活中。

二是参观高校场馆和实验室。通过参观同济校史馆,同学们了解了这所百年老校的沧桑发展历程;通过参观同济校园的植物,同学们认识了雪松、麦冬、苏铁、香樟、梧桐、洒金桃叶珊瑚、水杉、八角金盘、白玉兰等多种植物。大学生对不同品种的植物讲解勾起了同学们对植物的兴趣,也在学生心中种下了保护植物的环保意识。同学们还参观了同济大学环境工程学院、桥梁工程学院国家级重点实验室和教学实验室,并由同济大学讲师、教授等进行现场讲解。同学们了解了环境科技的发展现状和环境研究的设备,由此开阔了视野,激发了学习科技的决心,更进一步增强了环保意识。

三是参与高校设计的实验项目。我们邀请同济大学环境工程学院研究生参与学校生物拓展型课程实验设计。并选取适合初中生动手实践的内容加以实施,有"大手牵小手"共同研讨环保、生物小课题等。2019年12月,同济大学的研究生指导学校两名初一学生进一步完善课题,并且就课题中的疑问进行解答,最后参加了"第三届'宝山杯'上海市青少年生物和环境科学小论文竞赛",荣获上海市二等奖。我们还开展"大手牵小手"互动实验。大学生分批带领学校学生赴同济大学,在大学生的指导下展示开展一些实验,如自来水净化过程实验、水中微生物检测实验、活性炭吸附净化燃料废水模拟实验等。大学生们耐心讲解实验原理,详细说明实验步骤,构建简单的实验装置,并且帮助我校学生解答实验过程中出现的困惑,使学生们体验了探究活动,收获了科学

知识和科学研究的方法。大学生还组织化学嘉年华活动,展示趣味小实验,如"水中花园""魔术作画""魔棒点灯""保卫纸巾大作战"等。同学们看到奇妙的试验现象后,个个摩拳擦掌、跃跃欲试。观看"水中花园"的实验时,当同学们看到"水"中能长出一个像树枝一样的东西,而且还在不断长大,都感到惊奇不已。同学们充分参与其中,体验到了科学实验的神奇之处,也进一步激发了对科学的学习兴趣和热情,开启了他们不断创新的人生之旅。

(二) 发挥大学附校优势增学生发展空间

大学附中是一种独特的办学形式,具有不可替代的办学优势和发展空间。2019 年 5 月,三门中学成为"上海财经大学附属初级中学"。一年多来,依托大学优质资源,我们努力将上海财经大学"厚德博学　经济匡时"的校训与学校文化融合,深化"让爱滋润每一个师生心田"的办学理念,形成"依托大学、特色鲜明、创新发展"的发展思路,引导学生做"有爱心、有健康、有学历、有财商、有特长"的阳光少年。

1. 依托上海财经大学构建学校特色课程,培养学生财经素养

(1) 培养学生核心素养,打造学校精品课程。学校聚焦财经素养培育"财德、财智、财商"3 个核心要素,聘请专家辅导教师一起编写《初中财经素养教育教师读本》。编写的过程也是学习的过程,为学校实践教学提供了可参考的教学样例和方法指导,也可为后期开设"初中生财经素养"课程做好前期准备。目前,学校正在筹谋"初中财经创新实验室",并依托创新实验室和上海财经大学基础教育集团合作开发适合初中学生的财经类系列课程。通过财经类课程建设,增强学生对财经知识的认知与理解,提升三门学子的财经意识,激发学生学习财经知识的热情。

(2) 整合高校资源,丰富课程选择。我们聘请上海财经大学的艺术老师进校园辅导学生开展艺术活动,合唱队、民乐队、舞蹈队的表演水平一下子提升不少,足球队、跳绳、跆拳道等在上海财经大学的教练的点拨下进步不小。针对每年学校的艺术节和运动会,上海财经大学还提供了艺术中心和运动场,让学生在精致的舞台上和标准的场地上一展自己的风采。上海财经大学经济学院的研究生还进校园帮助我们的学生开展社团建设,"雄辩演讲社""肉嘟嘟多肉植物社""大声说英语口语社"等,通过丰富多彩的活动让学生庆幸自己是

"上财附初人"。

（3）学校在探索"财经素养"培育过程中,不断明晰特色课程目标。从目标出发,逐渐完善基于"财经素养"的课程结构,针对性地开发丰富了课程内容,提升了学生的财经素养,以增强学生适应未来经济社会发展的能力,为今后的美好人生打下基础。

2. 依托上海财经大学丰富社会实践平台,厚植爱国情怀

学校依托上海财经大学,以社会实践为抓手,围绕"立德树人"根本任务,开展一系列厚植爱国情怀的实践活动,引导学生在社会实践过程中培养和提升实践能力和创新精神,同时也向社会展现出新时代附中学子的精神风貌。

（1）"开学第一课"。附中的学生和上海财经大学学子一起聆听大学书记和校长的"开学第一课",激动地憧憬着五六年后能否真正成为上海财经大学的一员;上海财经大学的校史馆、老校门、图书馆等都成为我校学生了解历史、了解上海财经大学、了解社会的窗口,这些都为学生提供了生动的社会实践教材。

（2）"共筑荣光"。学生们和上海财经大学博士生组团参加"三门学子上海财经大学行,四史竞赛忆初心"主题活动时,上海财经大学学子的博学、睿智立刻吸引了不少学生关注,他们在学长精心组织的丰富多彩的活动中收获颇多;我校学生参与上海财经大学校庆云合唱时声情并茂地唱着上海财经大学的校歌《共筑荣光》,"家国情怀、志存高远"就植入了学生的心中。这些丰富多彩的活动不断强化学生"上财附初人"的意识,在"大手牵小手"的三区融合的活动中让学生种下了中国根、孕育了民族魂。

（3）"我是一名会计师"。上海财经大学积极提供学生职业体验平台,让学生在金融实验室里体验了一把股市交易员的紧张刺激;让学生知道了当一名会计师所需要的严谨和细致;让学生了解了原来不知道的职业,如精算师、分析师;让学生了解了资产是要管理的,应该让资产通过合理投资产生最大效益……这些财经类的职业体验,让学生明确了今后发展的目标。

学校依托大学不断丰富社会实践内涵,提升实践育人成效,更好地落实了我校学生的综合素质评价,形成了常态化、个性化的实践育人资源协同体系。

总之,三门中学倡导"人人都是德育工作者"的大德育观,从心理、情感和学业方面,关爱每一个孩子的发展,始终坚持"学校让教育在爱中行走,教师用

爱让学生快乐成长,学生在关爱教育中学会爱",努力让学生健康阳光发展,实现全面发展和个性发展。

四、针对指导,智慧提升每个学困生

关注学生的身心健康,我们关注的是全体,是阳光普照的关心。与此同时,我们开展针对性的关爱,关注每一位学困生。回顾几年来的教学工作,我们在关注每位学困生方面,主要抓住了课前、课堂、课后三个环节。

(一) 课前尽力创设和谐的师生关系

1. 不点破学困生想在老师面前做"好人"的心态

笔者曾连续几年任教初三数学教学,发现学困生有这样一个特点:认为新老师不了解自己学习不好的情况,感觉这样的状态良好,他们会尽可能久地在老师心目中维持这个形象。

此时若加以点拨,说不定就是一个转机。对脑子灵活但学习习惯不好、玩心太重的学生,我经常会找他们个别沟通:"你上课听讲很认真,反应也很快,秦老师对你印象很好,你怎么不做作业呢?""你上课很专心,也很积极,作业也不错,在我的印象里你至少可以考 60 分左右,怎么会考不到 50 分呢?"他们肯定会找个理由或说是偶尔失误,我说:"是吗? 老师再给你一次机会,不要让我失望。"

当然这一招不是万能的,但是个值得一试的机会。总会有学生为了维持自己的良好形象去努力争取的。如 2014 届小齐同学,他一开始装好学生,装习惯了,真的成绩变好了,分数从初二期末的 5 分到初三中考的 105 分。

2. 对学困生更要做好家访工作

在接班前,我会尽可能多家访几个学困生,到家不一定谈学习,聊聊家常,问问有什么爱好、特长,让他把自己最好的一面展示出来。我充分肯定其中的亮点(如卫生整洁、心灵手巧、会做家务等),并让他提一些对新老师的希望和要求。这样,在教室里他就会觉得自己比其他同学先认识老师,对老师会有亲近感,也就比较乐意听老师的指令。

3. 经常给学困生创造亲近我的机会

我会经常有意识地让学困生给我帮些小忙，如提块小黑板、发作业本、找学生来订正、借支笔什么的，学困生往往会乐此不疲，对于我的一声"谢谢"也很受用，觉得我看得起他或很喜欢他。在此过程中，他们表现出来的长处，我会大加赞赏。

4. 了解学困生感兴趣的话题

现在的学生往往喜欢歌星、影星、球星，还有动漫和游戏，了解一些他们的话题，既可以更好地融入他们，又可以在他们接受你的情况下正确加以引导，还可以进一步挖掘他们喜欢的明星身上的优点、特长来激励他们。

（二）课堂教学尽可能关注到每一位学生

1. 上课生动、易懂、有层次感

要关注学生，重点是关注每一位学生。一些老师经常讲，"以前我也这样讲课，成绩、效果都能达到；现在不知道学生怎么了，还是这样讲课，却达不到预期效果"。我就提醒他们，用一成不变的教学方法来面对不断变化着的学生，效果当然不会好。2019 年，我担任了两场教学比赛的评委，发现部分青年教师沉醉在自己完美的教学设计中，只关注自己的设计是否完成，却不关注学生能否跟上课堂节奏。

听随堂课，发现不少教师关注的是自己要讲清楚，而不在意学生是否听懂、听懂了多少。因此，我建议在讲台上授课的教师，应该多考虑自己的教学能否真正适应学生的接受能力和理解水平。

调动学生要有方法，有激情。我们"备教材""备学生"，还要备调动学生的方法。若每个学生都肯听你的，那你就成功了。为了吸引学生，我在备课时也动了不少脑筋，如初三年级的数学课一开始就是应用题，这对学生来说是一个难点，我就给他们建立"应用题不用怕，一张表格一句话"的学习理念，然后教会他们列表格找"话"，分解难点。当学困生自己列出表格解出应用题后，就会很有成就感。

例如，解分式方程时，完全平方式的展开部分，学困生老是忘记 2ab，于是我就唱给他们听："首平方，末平方，首末两倍中间放。"然后采用惩罚措施，谁再漏掉谁就唱，这样一来马上就好很多。又如解分式方程时的"去分母要记住,异分母也要顾,反分母要变负";相似形的"遇到证明比例式,寻找平行或相似,基本图形脑中记,中间比传递要常试";解直角三角形的"知二求三,有斜用弦,无斜用切,多乘少除,求在分子";圆的"辅助线别乱添,规律方法记心间,弦与弦心距亲密紧相连,切点与圆心连线要领先"……学困生对这些口诀或顺口溜感到很新鲜,特别是解释清楚含义和用法后,试过感到很好用,渐渐也就乐意跟上来了。

课要上得有层次,一节课上当然要面对大多数成绩中等的同学,但也必须兼顾学困生和学有余力的同学。我们在教知识点的同时,应注重方法、学法的指导,有时我们的题目只是工具,目的是题目后面的方法。① 定义的教学,如函数(两个变量,对于 X:每一个;对于 Y 唯一)。② 关注能力,转化思想:不会—会的,不熟悉—熟悉。③ 方法,注意技巧,抄近路意识强,分析寻找破案线索。④ 进教室之前要想好,除知识点之外,你还给了学生什么方法和能力?

2. 榜样的力量是无穷的

我经常对学困生讲:"老师不在乎你所处的位置,但在乎你所朝的方向。""你的昨天也许较差,但你如果愿意把握今天,那你的明天就有机会不差,因为今天是明天的基础。"课堂的前半段都是基础知识,在练习反馈时,我会特别注意学困生做得怎样。由于大多练习是对新授知识的模仿练习,他们答对的机会还是很大的,我对那些积极练习并能答对的学困生大加赞赏,充分肯定。然后刺激与他基础差不多但还不是很积极的学困生说:"他已经动起来了,进步很大,难道你还不追赶,甘心从今天开始被他甩开? 我不要求你追第一名,但不想你被旁边或原来在你后面的人拉开距离,我想你肯定能做到。"离他最近的榜样对他的刺激是最大的。

3. 注意批评的方式、方法

由于学困生学习习惯较差,在课堂上难免会有些小差错,我比较注意批评的方式、方法。学生上课精神不振要打瞌睡时,我会请他帮个小忙,如擦擦黑板;学生上课不专心时,我会问他是否身体不舒服;学生做练习不动笔时,我会问他是不是已经做好了,不会做我再耐心地跟他讲一遍;学生讲闲话时,我会问他是否觉得我讲错了,或有什么补充。当然学生较快地做对练习后,在等大多数学生做好的一小段时间内,我是允许他们适当活动的。

学生在解题时老抄错题,我会问他是不是紧张了;如果不紧张,我就会告诉他,他的眼、脑比手快,要加强三者的协调。不轻易挫伤学生的自尊心,既要批评他,又要让他不伤自尊,听得进去。学困生本来就很自卑,不敢表达,一被嘲笑更加找不出错误的原因。大家试想一下,如果作为一个医生看不到病人的伤口,肯定是没有办法医治的。我们学校一位老教师说得好:知道差,不喊差,怎么抓。我们一些教师从预备班开始喊很差,可以理解小学基础没打好,但一直喊到初三还是很差、很差,当然基础不好是原因之一,但也说明你的工作没有成效。

4. 充分利用课堂可以利用的时间

学生在做练习时,我会对学困生进行个别辅导,上课时一些基本问题我会留给学困生来回答,答对后,我会给予其充分的肯定。我还发现了一个很好的时机,那就是测验的时候,我允许基础特别差的学困生把自己会做的题目做完后,举手问自己想做但又不会的题目。在我提示后,他们做对了,我照常算分,他们往往很积极。

(三) 课后及时补差、平时鼓励不可少

1. 每天订正每天清

有教师也经常问我,提高合格率的关键是什么? 我觉得必须抓住两点:课堂和作业。我们数学每天的订正很关键,要做到天天清。我的做法是,每天的 A、B 册或测验的试卷,在我课堂上对较难题讲解思路订正后,要求他们当天找我面批订正后勾掉名字。对于一次不勾、两次不勾和三次不勾的,我都讲清相应的惩罚措施。刚开始有些学生不习惯补好课,还要留下来的做订正,但时间一长就养成习惯了。

当然也有些学生,一开始根本不可能自己独立完成作业,个别学生会抄作业。一开始我也装作不知道,但到一定的时间之后,我会找他谈话,往往会有积极效果。后来,他们很激动地对我说:"老师,昨天的作业都是我自己做的。"虽然分数比原来低了,但对他来讲还是进步了。

2. 允许反复、及时教育

学困生往往毅力不够,时间稍长刚鼓起来的劲又会松下来,我就经常对他们讲:"老师帮你打好的气,你至少管用一两个星期,到时气没了我再打,但你不能是只'破胎子',今天打气明天就没了气。老师也是平常人,这样我感到是

在做无用功,也会失去信心的。"索性跟他讲清楚,他反倒也会坚持一段时间。

3. 注重考试后的小结鼓励

每次期中、期末的考试,我都比较注重对学困生成绩的总结,并给予一定的鼓励。初三第一学期的期中考试机会最好,因为知识点少,代数计算相对简便,因此,大多数学生会有进步。对有进步的同学都给予表扬,对进步较大的我还会在家长会上给予奖励,除了设"满分奖"之外,对于数学成绩进步5分以上者都有奖品。一些学困生从没有在学习上领过奖品,我这样做家长特别激动,哪怕只是一本2元左右的本子,孩子和家长都倍加珍惜。小王同学数学成绩从39分提高到74分,进步了35分,获得了"最大进步奖";在家长会上获奖,家长非常高兴,家长也就成了孩子学习数学的积极督促者。

4. 寻求家长的配合

我平时一般不找家长,但在开家长会的会前或会后,会找一些家长交流情况。我觉得一开口的立场很重要,要让家长觉得你和他是在同一立场上的,而不是对立面,比如,"你小孩怎么怎么样"和"小孩近来有些放松,我心里很急,今天我们一起商量商量怎样让他思想上重视起来"。家长一旦从心底里认同了你,就会更加积极地配合你的工作。

五、悉心指导,为孩子成长架设桥梁

三门中学崇尚和践行的关爱教育关心每位学生、尊重每位学生、培育每位学生,引领每位教职员工共同努力,使学校、家庭、社会形成一股综合力量,使教师、学生、家长形成一种共识,时时激发学生潜能,关爱指导每一个学生,为每位孩子的成长架设腾飞的桥梁。下文是我校教师在工作实践中的案例。

(一)打开理解之门

每个孩子都是一个智慧的金矿,你尊重他、认可他、理解他,就是给他地位、看到他存在的真正价值。其实每个生命个体都具有自我选择,这是内在的动力。孩子不管大小,可能在某个阶段需要引领,需要理解呵护,但是一旦进入中学阶段,相信这些孩子自我成长欲望是非常强烈的。这种独立性、这种要求需要或者期待我们给他创造条件和机会。教育者应当尊重生命并加以引领,就因为他自身是有价值的、有潜质的。打开理解之门,让每一个学生在生命成长的每一个阶段都有认识、激发自身潜能的机会,非常重要。

1. 耐心倾听①

当学生犯错时,首先要做的是倾听,然后才是处理。学生犯了错误,更希望得到宽容、谅解。对于教师来说,拥有一颗爱心十分重要。有了它,教师才会懂得怎样宽容学生。学生之间存在着各种差异性,面对差异时需要一颗宽容的心去关爱。学生是成长中的孩子,难免出错,要把握宽容学生适当犯错的度。同时,我们也要看到学生的闪光点。从这一点入手,使每个学生都能品尝到成功的喜悦,从而激发他们的进取心。

教学中,要求自己做一个有心人,要善于从多方面发现每一个学生的闪光点,学困生也不例外。心理学告诉我们,"学困生"的"学困"原因虽然千差万别,但就整体而言,又有共同的消极心理。其实,学困生并非一无是处,往往具有许多特长。我们要给他们展现的机会,以此在同学面前树立新形象,并以此作为各方面进步的扩散点,捕捉他们身上的"闪光点",及时表扬、鼓励,让他们的"闪光点"再放大,以此来消除他们消极心理的支撑点,使他们在同学面前挺起自信的胸膛。

2. 投其所好②

那天,学校举行党员干部"帮困"结对签约仪式。与我结对子的是一个戴着眼镜、个子比我还高的女生。作为党员,我先后与多位学生结对子,她是唯一一个学习成绩名列年级前十名的学生,因为某些家庭原因才导致她比较敏感、自卑。虽然在这方面我没有其他老师有经验,但好在我有个比她小一岁的儿子,我把一个母亲教育孩子的经验提炼出来,用最好的沟通方式获得她的信赖。我拿出了十分的真诚与她谈心,时时关心她的学习和生活,处处注意尊重一个花季女孩不愿面对的敏感点,同时避免触及她心底的那份自卑。知道她喜欢阅读之后,我给她的第一份礼物是几本中学生读物。

"投其所好"是走进对方心灵的一条很好的路径,在随后的一年中,从

---

① 语文教师姚玉乐的体会。
② 档案管理员卢慧琴的案例。

我一开始的主动询问,到她后来的主动吐露心声,我们的心灵在靠近。经过多次上门家访后,我与她的妈妈也变得熟悉了,有时我也邀请她到我家里做客,慢慢地,她自信了许多,学习成绩一直稳定在年级前列。

3. 打开心扉,走向理解[1]

在我所带的班里,有一位学习和行为存在较为严重"问题"的小陈同学。他学习成绩差、爱迟到、爱捣乱,与同学的相处也不融洽,家长也只求他安安稳稳地读完这九年制义务教育课程。我虽了解该学生的痛苦和无奈,但看到他反复犯同样错误时,总忍不住对他发脾气。

记得刚开学没几天,他又迟到了,还一副满不在乎的样子,我想狠狠批评他,却又知这完全是无用功。于是我改变策略,在以谈心的方式了解到他迟到的原因后,我先是批评了他迟到的行为,又表扬了他较强的自理能力。他深受感动,并且从我的鼓励、微笑中找到了自信,从此逐渐进步。

我庆幸当时采取了批评与鼓励相结合的方式。也许,这种认可与鼓励赢得了他的尊重和爱戴。从他的转变中我体会到:这样的学生就像体弱的树苗,需要我们给予更多的阳光、更多的呵护、更多的关爱。对于这样的孩子,我们必须耐心细致地做工作,用自己的爱心、耐心和恒心去唤醒他们的上进心,从而促使其不断进步。对于教师,在批评学生的同时,要给予学生尽量多的关爱,这就如无声的春雨,在不知不觉中滋润着孩子们的心灵,能让他们茁壮成长。

(二) 温暖孩子的心

教师要做的最重要的事是:让学生不再需要我们,而是主动地、自发地去获取他们所学的知识。做教师最关键的是:温暖孩子的心,关注孩子的情,把握孩子的度,培养孩子的真,托起孩子的梦!相信每一个孩子都是最棒的,每个孩子都是独一无二的,都有自己优秀的地方,关键看能不能发现孩子的美,作为教师要不断去努力,挖掘每个孩子内心闪光的钻石。

---

[1] 数学教师俞佳帅的案例。

1. 特别的爱给特别的你①

在给初一年级上体育课时，发现有一个女生不太喜欢和同学们一块活动，做练习时总是往后溜，每次的课堂测验成绩也比较差。我以为是学生偷懒，不愿意锻炼，后来经过询问，她才说是因为自己太胖，做起运动来不仅吃力，还怕同学嘲笑，才不练习的。于是我劝导说："不管谁在学习新动作时，都不可能做得很好，总是要多次练习的，而且最重要的是参与、体验体育活动的乐趣。"之后在跳绳课练习时，我发现她跳绳时动作轻松自如，练得特别起劲，显得非常快乐、自信。于是，我特意叫她展示，起初她不愿意，经过我的鼓励，她规范地完成了动作。我及时表扬了她，同学们也报以热烈的掌声。这给她装上了自信的翅膀。

在以后的体育课上，该同学因肥胖而产生的自卑心理逐渐消除，不再往后退了，而是融入集体的大家庭之中。同时，课堂上我也留心观察她，耐心指导她。经过努力，她的体育成绩终于有所提高，更重要的是，她对待体育课的心理也变为了主动、喜欢。

这让我明白了在教学过程中应该靠近学生，走进他们，发现问题的根源，并采取一定措施去帮助他们，给予他们自信，这些都对他们人格的塑造有很积极的意义。

2. 像妈妈一样关爱学生②

刚进我的班级时，钱同学是个自卑、内向、自我封闭的孩子。他的学习基础差，上课不敢举手发言。他妈妈虽然辞去工作照顾他，但仍然无济于事。可是作为班主任的我却相信，每个孩子身上都有闪光点。在我和同学们营造的充满鼓励与爱的氛围中，钱同学逐渐变得自信起来，成了一名阳光男孩，而且在学业上也取得了进步，最终以高分考入一所中高职贯通的学校。

在长期的班主任工作中，我遇见不少像钱同学这样学习上有困难的学生。但我从不放弃、不逃避，在学习上、健康上、生活上，即便付出几倍的精力和心血，也要让每一位学生感受到重视和关怀。

---

① 体育教师李文升的案例。
② 数学教师江敏的案例。

教师这份职业是神圣的。为了实现这份神圣的使命,我始终以我的情感力量,以高度的育人责任感,倾注爱心、关爱学生。最后我也十分欣慰,得到了学生们的认可,大家说:"江老师不仅在学习上关心学生,更像母亲般在生活上时常照顾着我们每一个人。"

(三) 鼓励学生收获自信

好学生是夸出来的,要发现学生的闪光点;好习惯比好成绩更重要,培养学生的独立性是成才的第一步;多关注孩子的优点,因为决定学生将来成功的是孩子的优点。盯着学生的缺点数落,只会挫伤他的积极性,培养学生的习惯和兴趣更关键。学生不是一个你可以往里面注入水的水桶,其实,不是教师给学生注入一杯水,而是学生完全可以自己做,因为他有潜质。教育需要的是激发自信,是引导,而不是给予,因为你根本给不了。

1. 告诉孩子"你真的不差"[1]

"老师,我真的很差。"看到一位女生在日记中这么消极的一句话,我心中顿时一惊。说实话,这个女生期中考试不理想,而此后她上课时常常走神、心不在焉,整个人被低沉、苦闷的心情所笼罩。这让我十分担心。家长会那天,我从她妈妈那了解到,她小学时成绩就不好,渴望进步,却发现基础太差,于是自暴自弃,对不擅长的科目出现了恐惧感,对学习也产生了排斥感。

之后,每次上课我总会请她回答问题,一开始她有些不自信,我总是鼓励她——每次她答对题目时,都会给予她肯定和表扬;为了使她更自信,我让她对自己喜欢的书、电影进行介绍,给她表现自己的机会;为了使她不自卑,我让她在班会时展示她擅长的才艺,找品学兼优的同学辅导她学习;同时,自己在课后也对她进行辅导,定时找她聊天,鼓励、开导她。她逐渐走出自卑的阴影,变得开朗、阳光,成绩也有所提高了。

2. 激励孩子尝试[2]

改变从找到症结开始,"困难生"的表现各不相同,其形成的原因也有

---

① 语文教师谭艳的案例。
② 体育教师杨卫峰的案例。

很大的差异，要转变"困难生"，必须找到其症结所在。

小玲是一位腼腆的学生，我从闲聊开始，慢慢打开了她的心扉。她说自己最大的毛病就是"懒"，懒得早起，父母催促才起床；懒得骑车上学，一定要父母接送；懒得吃饱早饭，所以胃一直不好……从她的讲述，我发现"懒"是她一切问题的症结所在。

为了改变小玲的惰性，我决定先从家长方面入手，建议家长多给孩子自立的空间，加强孩子自理能力的培养。在学校时，班主任和任课老师及时关注小玲的变化，一旦发现她进步了就给予表扬并提出新要求，鼓励她持之以恒。如在体育课，遇到难做的练习动作，常常激励她尝试，提供一些简单的练习机会，让她在大家面前展示，从而得到更多的肯定。后来，每当小玲的家长转告班主任，孩子身上又有一个"懒"习惯在悄悄远去时，我别提有多高兴了。

（四）给学生以尊重

充分尊重学生既可密切联系师生感情，又是可焕发学生创造热情，激发奋发向上、锐意进取心理。现在的学生知识面宽，思想活，对人生、思想、前途、事业、社会等都有所思考。但在考虑过程中，对什么是尊重等问题难免存有错误认识。若教师对他们的喜好，不管正确与否，都全盘接受；对他们自认为欣赏的行为，不管是否得体，都鼓掌喝彩，必然会导致学生错误思想的蔓延。真正的尊重应当体现因人制宜、体现个性的原则。教育通过创造条件不断解放孩子，使他们能够愉快、更健康的成长才最有价值。

1. 尊重与宽容学生[①]

一次化学课上，当全班同学都在做课堂练习时，我观察到一名女同学在做英语作业。我没直接戳穿她，而是若无其事地走回讲台前。然而，这位学生还在继续做英语作业，于是我有意走到她面前。她察觉到我后，立即做起化学练习。我还是没说一句话，但是在课后我找了她谈话。她承认了自己的错误，并且感激我没当众批评她。此后，她在学习上更努力了，课堂上踊跃发言，课后主动请教，作业质量提高了，考试成绩也提高

---

① 化学教师汪成花的案例。

了。可见这无声的教育取得了良好的效果。

从上述案例可以看出，老师要宽容，要注意保护学生的自尊心，学生犯了错误，必要时要给学生"台阶"下。批评要讲究方法，有时无声的暗示要比有声的批评所起到的教育效果好得多。

2. 宽容是再给学生一次机会①

一天上午的自习课，我刚到教室门口，里面传出的动静，让我立刻意识到出事了。原来是学生小胡和小睿发生了争执。为了不影响其他同学学习，我让他俩来我的办公室。

在办公室里叙说打架理由时，胖胡和小睿不断争辩，都试图把责任推给对方。原来，起因就是小胡碰掉了小睿的笔袋。面对两人的争辩，我没有做他们的审判官，而是给了他们自我反思的时间。令我感到欣慰的是：最后双方各自承认了错误并重归于好，就这样，纠纷在平静中解决了。

在纠纷处理过程中，我并未直接批评学生，但效果却出奇的好，也没有给学生留下后遗症。能否对学生宽容是一个教师素质高低的标志之一。宽容是对学生的一种尊重，宽容是再给学生一次机会。教师学会了宽容，心中的沉重被释放，整个人会呈现出平静、安详和坦然，这样的教师才会逐步成为关爱教育的真正主人。

（五）改变从赏识开始

人自身有各种能量，把正能量张扬时负能量就会减少。赏识就是很好的增加正能量的办法。赏识要分析学生的特点，一把钥匙开一把锁，这是教育的起点。关注每个学生的不同，赏识他的长处，只有抓住长处才会抓住学生的兴奋点。我们一定要宽容学生成长当中的缺点，生命永远不可能完美，缺点是生命中必然的组成部分。宽容学生的缺点，让缺点失去生存空间和养分，学生的长处才会更加出色。

1. 改变，从优点拓展②

九月份开学前一周，学校组织了军训。在军训时，我密切注意每一个

---

① 物理教师曹多靓的案例。
② 生命科学教师陈晓颖的案例。

学生的表现,在心中默默记下他们的一些细节动作。不久,我发现我们班有个比较"活络"的学生小胖,在每次集合整队时,总会和同学发生矛盾;而且在根据口令做动作时,经常思想不集中、动作不协调,以至于被同学们形容成"拖后腿"。随着会操越来越近,我开始焦急起来,提醒他,并找他沟通。但是很快他又故技重演,于是我开始改变策略,找他身上的"闪光点"。我发现了他很喜爱唱歌、爱吃零食。

有一天,我以点心为诱饵,让他在同学们面前演唱了一首《青花瓷》。小胖唱得很不错,得到了大家热烈的掌声。事后,我又一次找到他,鼓励他在其他方面也要做得和唱歌一样好。经过鼓励,小胖在会操过程中表现十分优秀,我们班级也获得了优胜奖。放学后,我留下了他,并告诉他,老师看到了他的努力,也感谢他为班级争光,为他努力战胜了自己而感到骄傲。我看到小胖害羞地笑了,可爱极了。

2. 发现亮点,发掘潜能[①]

我刚从教不久,接手了教师生涯中的第一届预备班。预备年级的学生,对任何事情都有新奇感,在任何老师的课上都表现积极。因此,我很快掌握了本班学生的具体情况。其中有一个成绩较差的学生,引起我的特别关注。

事情有两件。一件是在作文中,他写了自己心中既矛盾又困惑的想法,可又不希望别人多去了解、去帮助。另一件是在一次课堂中,他在朗读课文时带有更多的感情色彩,虽读得不是很好,却能看出他的用心。

对于这样一个学生,我猜想可能是有什么心结,导致他对学习缺乏兴趣。于是,我试着慢慢接近他,积极与他交流沟通。终于,他向我坦白了他的心结,原来以前他曾因身体原因,成绩下滑被班主任当众挖苦过;还因父母离异,母亲忙于工作,很少关心、照顾他,于是,他的性格变得孤僻,对学习的兴趣也不大。

但是,我发现他在朗诵方面有着自己的亮点,于是在课堂上我给他提供了更多朗读的机会;课后还对他单独进行指导,鼓励他参加朗诵比赛。渐渐地,他开始变得活跃、自信起来,对语文的学习也有了兴趣,成绩也有

---

① 语文教师李冰玉的案例。

了提升。

作为教师，我们要善于发现学生的优点，帮助他们挖掘自身的潜能，给他们展现的空间，还要有足够的耐心和细心与学生坦诚交流，学生也必然会带来超出我们预期的成长惊喜。

3. 用爱心沟通，鼓励奋进[①]

为了真正了解2019届4班郭同学的性格特点，挖掘其潜在能力，我和他时常轻松交谈，并在观察到他的细微变化后，适当给予其指点。用爱心沟通、用真诚鼓励，在他正待奋起的时候，及时送去鼓励；在他身处迷途、寻路而不可得的时候，及时给予指点；在他失群、深感孤独的时候，及时给予关怀；在他犯了错误，开始感到内疚的时候，及时给他语重心长的劝告。另外，对于他易于冲动、暴躁、较真、口无遮拦的性格，我指导他学会用意志控制自己的情绪，用"换位思考法"和"自责法"妥善解决与他人的矛盾。从此，我们师生之间开始敞开心扉交谈，逐渐架起了心灵沟通的桥梁。

经过一年多时间的关爱和激励，郭同学变得性格豁达、团结同学、尊敬师长、关心集体。经历此事，我深深地感到：每一位学生都是一本丰富的书、一个多彩的世界，我们要想真正读懂"每一本书"，看懂"每一个世界"，就必须用一颗爱心架起师生之间心灵沟通的桥梁。付出关爱，我们将收获学生们的信任；付出真诚，我们将收获学生们的理解；付出自己的汗水和辛劳，我们收获的必将是学生们美好的明天！

（六）携手共助

互助是一个动态的过程。交往双方在持续的交互作用中，交换着思想、情感，师生之间、生生之间通过心灵的对接、意见的交换、思想的碰撞、合作的探究，实现知识的共同拥有与个性的全面发展。它包括两个要素：一是互助必须是民主、平等的；二是互助必须是积极的、自主的。师生共同探讨、共同研究，在这一过程中，教师给学生以指点，学生给老师以启发，相互促进，共同发展。学生间摆脱了"各自为战"的学习方式，在学习活动中，互相推动，从而共

---

① 信息技术教师周思恩的案例。

同提高学习效益。

1. 师生共伸援手①

我刚接手这个班级时，发现班里有位李同学，上课无精打采，对学习提不起一点兴趣；下课追逐打闹，喜欢动手动脚……每天不是任课老师，就是其他同学向我告他的状。我找了他谈话，希望他能改正这些错误。他口头上答应了，但没过多久就又恢复先前的状态，毫无长进。对此，我不禁有些心灰意冷，但身为班主任，不能因一点困难就退缩，而应迎难而上，努力转化"学困生"。

为了提高他的学习成绩，除了在思想上教育他、感化他之外，我还特意安排一个责任心强、学习成绩好、乐于助人、耐心细致的女同学与他同桌。有时，这位女同学也会因他不太乐意学习而产生一些厌烦情绪。每当此时，我就会安慰她，要有耐心，慢慢来。后来，他取得进步时，我除了表扬他，还强调了这离不开同学们的帮助，特别是这位同桌的帮助。

后来在同学们的帮助下，他加倍努力，各方面都取得不小进步。尝到进步的喜悦后，他在学习上更努力了，成绩也有了很大进步，也更遵守纪律了，劳动也更积极了，甚至当起了值日生。

2. 大家一起来帮忙②

每个学生都具有不同的个性，存在着能力、气质、品德与性格等方面的个体差异。教师的教学工作要注意人性化管理，理解每个学生的差异，尊重学生的想法，平等地对待每个学生，努力让每位学生都保持自信。

我班有个台湾省的男生，一直和外公、外婆一起生活。由于长期远离父母，他胆子较小。获悉情况后，我时常找他聊天，潜移默化中给予他思想和学习上的熏陶，也给予他更多的鼓励和关注。他后来因腿伤在家休养期间，我还多次带同学去家访，给予他更多的关心和爱护。在他康复回校后，我发现他比以前更愿意主动地靠近我，并能和同学更融洽地相处，读书更加自觉，人也更开朗，后来还勇敢参加了"沪台两地同学共迎世博"的演讲，并且有非常好的表现。

---

① 化学教师杨效华的案例。
② 地理教师吴静的案例。

3. 有爱就有一切①

张同学自幼父母离异，一直和母亲生活在一起。在特殊家庭环境中成长的她，个性倔强，既自卑又好强；性格孤僻，与其他同学很少来往，学习成绩也十分不理想。我经常找她谈心，开导她要增强自信，克服自卑，同时安排其他同学多和她接触，在生活上、学习上主动帮助她，用炽热的情感去温暖她消沉的意志。在一年的时间里，她变化很大，成绩跃居中等。她在日记中这样写道："我感觉每一天都充满了阳光，因为有关心我的老师和同学。"

爱能融化心灵世界的寒冰，有爱就有一切。我相信有爱的付出，就会有爱的回报。

（七）在持之以恒中收获

教师在每一个学生面前，甚至是最平庸的、在智力发展上最有困难的学生面前，都要善于等待、善于发现，为他打开精神发展的领域，使他能在这个领域里达到顶点，显示自己，宣告大写的"我"的存在，从人的自尊感泉源中汲取力量，感到自己并不低人一等，而是一个精神丰富的人。这个领域就是道德发展。在这里，通往顶点的道路对任何人都没有封锁，这里有真正的毫无限制的平等，这里每一个人都可以成为伟大的、独一无二的人。

1. 善于发现学生的进步②

办公室的一位同事曾经跟我说的一番话，令我至今难忘。她说："你想让一个原本这样的孩子突然之间变成一个好学生，这是不可能的。原本他每周发一次脾气，两天犯一次错；现在他每月发一次脾气，每周犯一次错，这何尝不是一种进步？老师要善于发现学生的进步。"真是一语惊醒梦中人。细细想来，小忻在我接班后的半个学期，只偶尔发了一次脾气，我就因此灰心放弃，的确不应该。当想明白这一点，我重拾信心，决定继续我的计划。

小忻的改变离不开老师和家长的教导，更离不开他自身的努力。对

---

① 道德与法治教师钱毓琴的案例。
② 语文教师高原的案例。

学生的教育和改善，不可能是一帆风顺的。当遇到挫折的时候，作为老师，应该积极地思考对策、改变方法，投其所好、对症下药。此外，更要对学生充满信心，肯定、激励他。"十年树木，百年树人"，要改变一个人并非一朝一夕之事。但只要相信学生有向善的心，加之自己的智慧与不懈的努力，最终一定会有所收获、如愿以偿。

2. 比学生更坚定[①]

前段时间，有位学生因为习题的答案在课堂上被另外一位同学抢答而十分不开心。从那之后在课堂上一言不发，午饭也不去吃。他犟着不听劝，我也坚持陪他饿肚子。终于，他妥协了。之后通过谈话，我才了解到原因，或许可能是我的坚持以及关爱之心感动了他，才使他敞开了心扉。

之后我的每一节课，他仍然积极举手发言，课堂表现活跃。我觉得，教师对学生的爱的付出，即使不能获得回报，也会影响到学生今后的人生。只有我们把爱洒播在学生的心田，他们才会学会如何进一步去爱学习、爱同学、爱老师、爱学校、爱生活，乃至爱我们这个伟大的祖国。

（八）家校心连心，教育手牵手

要引导家长成为好家长，蹲下身，做孩子的学习伙伴：倾听孩子提出的问题，并与孩子展开讨论，注意他的情绪，帮助孩子建立自己解决问题的自信心；重视孩子在学校的成长与成绩，了解孩子在学习上的强项和弱项，对孩子做的作业不断鼓励，提倡和孩子共同阅读，利用书刊、报纸协助孩子学会使用工具书；引导孩子在家读书、玩耍及进餐要有规律，应有计划地利用时间；让孩子在家庭活动中把认真负责和严守时间的优点表现出来，为孩子准备一个安静的学习环境；每天问孩子一遍："今天，你尽力了吗？"再自问一次："我尽力了吗？"

1. 换位思考，保持同理心[②]

如果遇到家长积极反映学生的近况，我认为应该及时回复，一起商

---

① 数学教师郭晨麟的案例。
② 化学教师唐红梅的案例。

量,尽量得出有效的解决措施。在跟学生沟通时,也要懂得在孩子面前保护家长,最好避免流露出"家长找老师"的痕迹。

我记得某个周日,我收到了一位家长的微信,向我控诉孩子在家不好好写作业,总想出去玩。家长认为他的过多劝诫会起到适得其反的作用,想要我帮帮忙。我听后略微吃惊。在我的印象中,这位同学平时比较安静,而且学习态度也很端正,现在出现这种情况,应是最近被一些事情影响到了。而且学生通常对家长"告状"这类行为比较反感,于是我在与他聊天时,隐去家长参与的痕迹,随意地与他谈起最近的作业学习情况,虽然他将信将疑,最后仍坦白了原因和诉求。之后,我也及时与其家长反馈了情况,家长表示会积极关注学生的学习和心理状态,并对我没有透露家长"告状"的行为非常感激。

其结果就是,这位家长会经常跟我反馈这个学生的近期表现,我认为这是家校沟通中一种比较积极的状态。

2. 珍惜孩子的权利①

他们毕业了,但我却说不清此时的感觉,眷恋之情油然而生。

记得初二那年,我班里一向开心外向的晶晶居然离家出走了。起因是晶晶妈妈经常翻看她的日记,在保证以后不再翻看后又故技重施。当她的行为被发现后,就有了晶晶离家出走的一幕。晶晶离家出走这两天,她妈妈十分担心,并通过我向晶晶转达悔意和歉意,担心她没有生活费还让我转交给晶晶200元。在得知妈妈生病后,晶晶决定回家。事后,一方面我在争取晶晶同意后,开了一个特殊的小组会,先让晶晶发言做了自我批评,接着让同学们考虑晶晶外出不回家可能会出现的后果。另一方面,我在争取晶晶妈妈同意后,又以这件事为例开了一次家长会,请家长引以为戒。

在现实生活中,也时常发生儿童的权利受到侵犯的事情,也许有的父母或教师认为,担心给孩子太多的权利不好。其实,一个懂得珍惜自己权利的人,比一个不珍惜自己权利的人更容易教育,因为前者说明孩子们在成长。从另一个角度说,只有被人尊重,孩子才可能获得自尊,并学会尊

---

① 数学教师赵霞的案例。

重别人。而自尊和自重是一个人拥有健康人格的首要条件。这次突发事件引起了家长的深思，也给了我一次教育学生、开导家长的良好契机。

3. 家校联系中不放弃任何一个学生①

在上一届任教班级中，有一位李同学给我留下了非常深刻的印象。他是一个看似"两面派"的学生——在平时活动中，老师在与不在的行为举止反差非常大，学习状态也很差，可以称得上是无心向学。

后来，我了解到关键问题是由于他的家庭。他的父母离异，而且对他关心不够。因学习问题约谈他的父亲，也几乎没有效果。到初一下半学期李同学还出现了新问题：在学校课间用手机打游戏。对此，我建议他父亲将其送到辛灵中学学习。这所中学小班化的特点能使学生在学业和生活上得到更多的关心。但李同学父亲坚决不同意，此事也就不了了之。

到了初二这一学年，李同学的问题更加恶化了，为打游戏放学不回家，滞留在"黑网吧"，甚至出现了逃学近一周时间不来上学的情况。在我多次找他谈话后，还是可以看到他的一些想法和追求的，但无奈其家中情况，最终还是没有取得很好的效果。眼看着时间到了初三，各科学业压力更大了，李同学上课已经完全不听。更重要的是，李同学已经长大了，在家里会直接和父亲发生冲突，甚至打架。李同学走到今天这一步，是大家都不愿意看到的结果。李同学父亲的想法也有了一些改变。在谈心的过程中，李同学答应坚持来学校学习，最终通过自己的努力，在2017年中考中，以总分326.5分取得了初中毕业证书，并且考入职业学校学习。

很难想象，这四年来，我们陪伴着李同学是怎样走过来的。从低年级到高年级，从学习方面到家庭方面，我们和李同学一起努力，努力辅导他学习，努力与他父母沟通。这四年来与李同学的谈心交流、与李同学父亲沟通，以及对李同学的教育情况的跟进和方法、方式的调整都非常不容易。让人欣慰的是，李同学在初中的最后阶段奋发向上，最终考入了职业学校。

反思自己对于李同学的教育，有一个信念一直支撑着我：李同学既然是我班级的一员，我就不能轻易放弃他，况且他之所以有今天，并不能

① 数学教师蔡骁的案例。

完全责怪他自己，家庭对他的影响也十分严重。我要通过我的行动告诉他，自己想要的东西要自己争取，自己的生活要靠自己改变，人的出身不能够选择，但今后想成为什么样的人，是可以有选择的。在四年的初中生活中，我没有放弃他，希望他自己今后也不要自我放弃，为自己争一口气，靠自己的努力，让大家刮目相看。加油！为了每一名学生的进步！

第三章 实践路径之:"L–O–V–E"课堂的构架

三门人认为,做教师最关键的是:温暖学生的心,关注学生的情,把握学生的度,培养学生的真,托起学生的梦。教师要做的最重要的事是:"教是为了不教",让学生不再需要教师,而是主动地、自觉地去获取他们所学的知识。为了"教是为了不教"目标的达成,三门中学引领教师们建设"暖记忆"课程,优化"L–O–V–E"课堂,促进学生思维能力的全面发展。

一、"暖记忆"课程建设追求用智慧启迪智慧

(一)"暖记忆"课程的改进背景

课程是学校教育的载体,课程品质决定教育质量。学生对课程的需求是学校课程建设的原动力,富有时代气息的课程能够为学校课程建设注入生机和活力。只有通过课程来设计、落实、深化,才能够符合每一个学生发展的需求。只有通过课程来体验、内化和顿悟,才能够唤醒每一个学生的心灵。在多元文化背景下深化学校课程改革,提高课程领导力、设计力和实施力,增强课程的多样性、时代性和开放性,能够促进师生和谐共生,推动学校内涵特色发展。

1.上海启动"提升课程领导力行动研究"项目

2010年上海市启动了凝聚全市之力的课程改革攻坚战——"上海市提升中小学(幼儿园)课程领导力行动研究"项目。项目以课程实践的方式,重点探索学校课程计划、学科建设、课程评价和课程管理四方面存在的难点和关键问题,旨在改善学校当时的课程状况,指导并促进学校课程改革的纵深发展,提升学校课程品质。上海市课程领导力行动研究以"问题导向,需求出发",将课程改革实施中的关键中心下移到基层学校,激发学校的潜在活力,成为深化学

校课程改革和课堂教学改革的关键。

2. 杨浦区扎实推进基础教育创新试验区建设

作为"上海市基础教育创新试验区",杨浦区多年来坚持将"课堂"作为课程与教学变革的场域,以课程资源建设为重点,以师资队伍建设为关键,坚持面向全体学生,扎实推进基础教育创新试验区建设。除了充分利用每一轮试验区形成的多种研训方式,组织引导学校开展教育发展模式的创新转型外,杨浦区更关注学校内部课程组织变革,通过重构学校的教学管理运行机制,强化校长的课程领导力和教师的课程执行力,组织学校和教师开展创造性的课程建设,引导校长和教师认识传统意义上的课堂与现代课程论视野下的课堂之间的差异,构建"创智课堂"理论框架,积极促进学校课程的转型。

3. 三门中学制订"暖记忆校本课程"计划

自1997年建校以来,三门中学始终秉承"让爱滋润每一位师生心田"的办学理念,致力于把学生培养成"有爱心、身心健、会学习、习惯好、有特长"的阳光少年。在学校的教育哲学和办学理念统领下,学校制定"暖心、启智、育能"的"暖记忆"校本课程计划,确立"用智慧启迪智慧、用温暖传递温暖,让学生在成长中温暖心灵,在人生经历中拥有美好记忆"的课程愿景。

但从2011年和2012年三门中学的绿色指标测试情况反馈中发现,"高层次思维能力"是学校学生发展的"短板"。结合学校的课程建设推进发现,学生思维能力的培养并没有落到实处。一些教师重知识传授、重机械训练,课堂教学却忽视了学生自主思维创新。为中考升学率,教师不敢采用多样化的教学法满足学生独立思考的需要。学生为了在考试中得到好成绩,做得最多的事就是背公式、背定律、定理,对同一种计算题反复打磨,最终来达到考试高分的效果。在这样的教学下,往往有一套定格的思维模式,把学生的思维框定在机械的思维界域内,学生独立思考问题的能力也僵化了,日久天长就养成了思维的惰性和依赖性。在课堂中学生有哪些思维发生与改进的表现? 教师有哪些行为阻滞了学生思维的发展? 如何有效培育学生的思维能力? 引领教师加强思维培育意识,从而提升学校基础型课程的内涵品质,是学校教育质量再提升的关键。

结合学校的课程建设推进,我们认为学校课程仍存在着整体规划不够科学、课程建设与实施不够深入、课程管理不够到位、课程评价不够规范等问题,导致学生高层次思维能力的培养并没有落到实处。课程是学校内涵发展的核心,课程领导力的强弱决定学校是否能够规范化、高质量、有特色地持续发展,学校教学研究需要从课堂向课程转型,提高学校教师专业能力和素养水平。

(二)"暖记忆"课程的理念与改进路径

1."暖记忆"课程的理念

教育最终是以心养心的过程,是生命对生命的影响。在学校"让爱滋润每一位师生心田"的办学理念引领下,践行"暖心、启智、育能"的课程理念。"暖心"关注学生的道德情感和价值信仰,即课程要走进学生心灵,丰盈学生的精神世界,培养学生的人文情怀;"启智"关注学生的知识文化和智慧生成,即课程要丰富学生的知识储备,夯实学生的发展基础,赋予学生智慧人生;"育能"关注学生的核心素养和综合能力,即课程要面向学生未来的成长,体现时代发展特征,培养学生适应未来社会的多元能力与素养。

2."暖记忆"课程目标与路径

(1)育人目标。通过引导教师主动参与提升课程领导力行动研究和学校课程建设,让教师在课程开发、设计、实施、评价的过程中加深对课程的理解与执行,促进教师教学实践能力的提升。通过基础型课程校本化,拓展型课程个性化,探究型课程活动化的方式,让学生拥有能够适应终身发展和社会发展需要的必备品格和九大核心能力,成为"阳光少年"。

(2)课程目标。通过关注学生思维能力的培育,树立关注"关键问题及其追问设计"的教学观,提炼有效的"课堂关键问题及其追问"的设计原则与实施路径以及评价方法。开展"L-O-V-E"课堂建设,建立"L-O-V-E爱"课程体系框架,对"L-O-V-E"课堂教学的基本形态进行清晰地描述,宏观架构三类课程体系,形成具有学校特色的课程框架,形成具有学校课程特色的课例、课程文本和相关案例。让课堂有爱,课程变暖,实现"以教为中心"到"以学为中心"的课堂文化转型。

(3)课程建设路径。通过参与市区级提升课程领导力行动研究项目,提炼以"促进学生思维能力发展"为中心的"三研修、两观察"的教学行动研究路径,开发聚焦培育学生思维的"L-O-V-E"课堂教学的观察量表,形成"教、学、研、评"一体的联合研修机制和具有可辐射、可借鉴价值的实践案例,形成深度学习、互动学习和探究学习等价值规范和行为准则,提高学校课程建设者和实施者的课程领导力、设计力、执行力和评价力。

(三)"暖记忆"课程建设整体实践

三门中学"暖记忆"课程建设,从学生的兴趣与需求出发,结合教师的特长与专业化发展的追求,营造积极的心理氛围,构建新型的师生关系,促进学生思维品质提升,逐步推进课堂文化的转型。

本着"实践导向、联合研修、科学评价、提升促进、形成特色"的指导思想,学校设计了"试点—研究—推广"的工作模式,采取的最主要的研究方法是"行动研究",同时采取了系统设计、分年度主题推进、循证实践等策略,力求科学有效地推进"暖记忆"课程整体建设。

1. 系统设计

学校在"学生分析、课程方案、课程管理、教师队伍、课程资源"5 个领域,运用 SWOTS 分析法,从"优势、劣势、机遇、挑战和行动策略"5 个维度进行分析,如表 3 - 1 所示。

表 3 - 1　三门中学课程 SWOTS 分析表

领域	S(优势)	W(劣势)	O(机会)	T(挑战)	S(行动策略)
学生分析	1. 行为规范较好,兴趣广泛,活动能力较强; 2. 学习基础扎实,学习积极性较高。	1. 高层次思维能力有待加强; 2. 25%左右的生源是筛选后的民办学校生源。	1. 关注学生思维发展的教与学; 2. 学校逐渐丰富的课程给学生的全面发展带来机遇。	1. 中考改革对学生综合素质、学科素养要求增高; 2. 作为集团核心校的学生在集团学生活动中将承担更多任务。	1. 深入推进学校思维培训项目,促进学生思维提升; 2. 加强课程建设,为学生提供更丰富的课程选择。
课程方案	1. 基本架构起"暖记忆"课程的总体框架,确定课程目标; 2. 拓展性课程构建了"四之"系列。	"思维培育"项目进一步如何渗透在各类课程中,使课程之间功能互补,促进学生思维发展。	1. 集团、联合体、集群等校际合作平台为课程的多样性开发提供更多可能; 2. 区课程领导力项目的推进为课程建设助力。	1. 如何实现优质课程在集团、集群、联合体层面的辐射作用; 2. 学生的个性化需求对课程建设提出更高要求。	进一步开发和建设拓展型和探究型课程,探索三类课程有机整合的思路和途径。

（续　表）

领域	S(优势)	W(劣势)	O(机会)	T(挑战)	S(行动策略)
课程管理	1. 对学校课程开发做了整体规划，并按时间节点逐步推进； 2. 基础型课程管理已形成一套行之有效的管理制度。	对拓展型、探究型课程的教研力度、评价有待加强。	1. 区域课程建设不断推进和深入； 2. 学校课程管理不断规范。	1. 区域重点课程的有力推进； 2. 家长课程资源的维持存在一定难度。	不断实践和积累课程管理的经验和策略，引导教师自主领悟学习和实践运用，参与学校课程建设。
教师队伍	1. 师资队伍稳定，结构较为合理； 2. 教师的课程意识不断提升。	1. 课程开发的能力有待提高； 2. 教师课程执行力不均衡。	1. 学校助推校本研修和教师专业发展； 2. 集团教师柔性流动对教师专业成长提供更多可能。	1. 中考改革对教师提出更高要求； 2. 随着“思维培育”项目的推进，对教师的教学方式提出更高要求。	1. 开展多层次、多途径的教师培训，提升教师的课程开发能力和课堂执行力； 2. 逐步构建教师课程建设激励机制。
课程资源	1. 学校注重校内外各种资源整合推进课程建设； 2. 基础型课程形成较为完备的资源包。	1. 校内教师资源难以满足学生对课程设置的需求； 2. 学校没有更多场地满足课程建设的需求。	共建合作项目的不断增多。校外资源的不断丰富，为课程建设提供了保障。	如何更好均衡男生、女生课程的比例依然面临挑战。	1. 积极争取社区、大学等支持，建立社区教育资源库，充分开发社区资源。 2. 实现集团、集群、联合体优质课程资源共享。

　　通过运用 SWOTS 分析法的分析，学校明确“暖记忆”课程的构建应该树立清晰的学生需求导向，站在学生终身发展的高度，依托教师专业发展和教师课程领导力提升，进一步整合课程资源，构筑具有学校特色的课程体系，有效提升学校的育人功能，为推进学校内涵特色发展提供有力支持和持久动力。特别是注重发挥集群化、信息化、开放化优势，聚焦学生思维能力为基础的核心素养提升，帮助学生构建适应未来社会生活的能力与素养体系。由此，学校也形成了学校“暖记忆”校本课程建设框架（见图 3-1）。

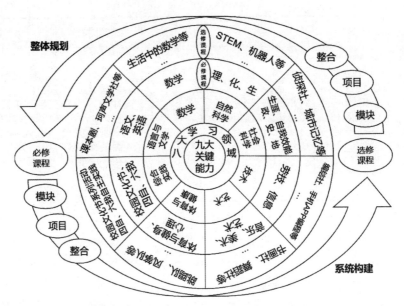

图 3-1 三门中学"暖记忆"课程建设框架

2. 构建"暖记忆"课程

(1) 学校"暖记忆"校本课程结构图如图 3-2 所示。

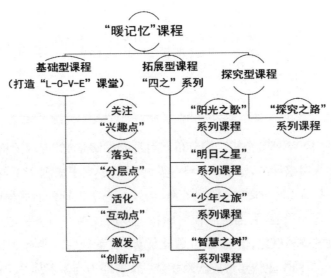

图 3-2 三门中学"暖记忆"课程结构图

(2) 学校"暖记忆"校本课程实施。学校有机整合三类课程,通过贯彻"夯实基础,发展能力"的教学要求,制订学校各年度课程计划,在保障开齐、开足各级各类课程的同时,不断加强开发校本课程的力度,认真推进基础型课程、拓展型课程和探究型课程的实践。

① 基础型课程注重思维培育,努力让课堂有爱。一是校本化实施基础型课程满足学生的身心发展和个性需求。基础型课程面向全体学生,体现学生基本素质的形成和发展,体现国家对公民素质的最基本要求,为其一生夯实思想道德、文化素质和综合能力等基础,是全体学生必修的课程。

学校要求每学期各教研组围绕四个点"兴趣点、互动点、分层点、探究点"中的一个点开展组内听评课活动。组织教研组开展"四层""四类"公开课的研讨,"四层"是指组内公开课、教学能手展示课、教学比赛课、教研组"一日研修"课。"四类"是指新授课、习题课、复习课、试卷讲评课。一个学期强化一种课型,在一节节不同课型的磨炼中,课堂执行力不断提升。通过课前"磨课"、课中观课、课后评课、区教研员的点评,促进教师教学理念、教学方式、教学手段的进一步转变,全面掌握4种课型的教学方法。

教研组还针对学科特点,加强校本教材的建设,语文组完成了《语文阅读拓展》、数学组完成了《数学压轴题攻略》、英语组完成了《英语小作文》、理化生地组试点"学案导学"。

与此同时,学校努力打造"L-O-V-E"课堂,把握好促进思维发展的4个点。

基础型课程强调思维培养,激活了学校优质建设的新的发展点。多年来,学校结合绿色指标测试情况,发现"高层次思维能力"是发展中的"短板"。其主要原因之一是,过于精细化的教学方式让学生产生依赖感,缺乏积极思维的动力,没有养成较好的思维习惯。此外,教师在教学时也没有特别注重对学生良好思维习惯的培养。为此,2013年5月学校将"关注学生思维培养,促进终身发展"的实践研究,作为新优质建设学校新的发展点,旨在探索教与学方式的转变,打造促进学生思维发展的有效课堂、生态课堂,促进"育人"本原在课堂的价值回归。

② 拓展型课程开发"四之"系列,努力让课程变"暖"。拓展型课程以培育学生的主体意识、完善学生的认知结构、丰富学生的学习经验、拓展学生的视

野、提高学生自我规划和自主选择能力为宗旨,着眼于培养、激发和发展学生的兴趣爱好,开发学生的多元潜能,促进学生的个性发展,是一种体现不同基础要求、具有一定开放性的课程。学校的拓展型课程一部分主要是由学校艺体科技主题活动和班团队活动、专题教育和社会实践等组成;另一部分主要是指由教师结合学科特色、自身特色自主开发的内容,如"名师讲坛""走出国门""普法课堂""人与自然"等共 20 多种类型。

三门中学拓展型课程建设"四之"系列:A."阳光之歌"专题聚焦课程,即学会做人,懂得感恩,培育"阳光少年"。已开发有"仪式教育""感恩教育""三区融合活动""心理沙龙""午间微课""养成教育"等课程。B."少年之旅"校外体验课程,即参与社会,服务社会,丰富经历。设置有"定向越野""志愿者行动""少年红色记忆""博物馆之夏"等课程。C."智慧之树"潜能开发课程,即拓展知识,发展思维,激发潜能。有"现代文阅读""精品古文""几何画板""数学知识思维导图""英语戏剧课程""花样跳绳"等课程。D."明日之星"科艺特色课程,即为有特长的学生搭建成长阶梯。设置有"沪剧小戏迷""3D 创型打印""智能机器人""头脑 OM""手工创智坊""创意动漫"等课程。

其中陈景华老师编写的"创意绳结"被推荐为区本共享课程。她辅导的学生在"全国中小学劳动技术教育创新作品展评"活动中多次获一、二等奖。此外,学生在全国、市区级组织的各类比赛中荣获 200 多项奖项。

③ 探究型课程关注方法感悟,努力培养创新意识。探究型课程是学生运用探究性学习方式,发现和提出问题、探究和解决问题,培养学生自主与创新精神、研究与实践能力、合作与发展意识的课程。三门中学的探究课程主要由学科渗透和主题探究两方面呈现。学科渗透主要是在基础型课程和拓展型课程中有机渗透,如语文学科的走近经典名著、数学学科的思维训练、英语学科的情景剧表演、理化学科的实验开发等。

学校教师在日常的教学中,渗透探究能力的培养,以学生自行设计、自主研究为主,同时培养学生的团队协作精神,强调过程的评价,重在学生的积极参与。加强学生选题开题指导,引导学生从自然、社会、生活等方面发现问题,从中选择自己感兴趣的、具有一定研究价值和可能的问题,形成课题进行研究。数学组编写了"魅力数学——初中数学创智拓展活动设计",开展了"魅力数学"创智长作业小课题讲演决赛。学生的交流成果虽然还有欠成熟,但他们在探究过程中的经历、感悟、收获却是十分真切的。数学教师也在这些活动中提高了数学探究活动的设计能力和指导能力。此外史地政心教研组编写了"学生探究活动拾撷"、音体美劳组汇编了"学生课外活动探究集"、物理组编写了"小创意大思考——物理家庭微实验案例集"课程,大大激发了学生的探究热情,打开了视野,徜徉在探究的乐园里。

二、"L-O-V-E"课堂促进学生思维能力发展

(一) 抓住"L-O-V-E"课堂的 4 个点

学校以教研组为单位,在语文、数学、英语和理化等学科,围绕"四课",针对教学过程中的"兴趣点、分层点、互动点、探究点""四点"建设"L-O-V-E"课堂,引导教师探寻培育学生思维能力的方法和策略,打造创智课堂。

1."L"是点燃兴趣,学得快乐,要创设好"兴趣点"

"兴趣是最好的老师。"只有学生对学习的内容感兴趣,才会产生强烈的求知欲望,自动地调动全部感官,积极主动地参与教与学的全过程。为此,教师在教学中要善于创设教学情境,即根据学生的生活经验,创设学生感到亲切的情境。

(1) 插图纠错,理解故事高潮。

《狼》是沪教版初中语文八年级下册第八单元最后一篇课文。这篇课文以极其简练的笔墨,为我们讲述了一个屠户与两只狼之间的一场较量,情节曲折,扣人心弦;议论部分既诙谐风趣又耐人寻味,点明题旨。李冰玉老师所执教的班级学生基础较差,难以较长时间地集中注意力,对文言文的学习有点无味,甚至有点反感,所以需要用多种教学形式去吸引学生,激发学生学习的积极性。其中,李老师就用到了对课本中插图的纠错。

师:经过大家的精彩讲述,故事的大意都已了解,作为一篇小说,高潮部分在哪里?

生:杀狼。

师：课本给出的插图画的就是"杀狼"这一情节,不过老师觉得这个图有不准确的地方,大家能根据课文内容来给这幅插图找找错误吗?

生：狼的眼睛是睁开的,而不是文中所说的"目似瞑"。

生：狼的姿势也并不像狗,更像人。

…………

在同学们修改、完善插图的过程中,重点实词也在纠错中一举突破了。纠错的过程是注释和课文再次合璧的过程,是文字与形象的立体交流的过程,是观察分析的过程,也是选择判断的过程。学生对于修改课本插图十分感兴趣,这一环节也将课堂推向了高潮。

(2) 创设认知"冲突",激发学生持续的求知欲望。

教学活动必须围绕着学生的生活、科学、技术和社会来展开。教师要抓住时机,不断地引导学生在设疑、质疑、解疑的过程中,创设认知"冲突",激发学生持续的学习兴趣和求知欲望。例如,曹多靓老师在物理教学中讲声学和光学时候,问为什么打雷和闪电明明是同时发生的,为什么我们总是先看到闪电,再听见打雷的声音? 在讲惯性知识时,提出以下问题：在车上竖直向上抛东西时,为什么车子在快速开动,人却站在车上不动,能够接到抛出去的东西? 同学们会想,是的,东西抛上去了,我们和汽车一起在快速前进,怎么还能正好接到被竖直抛出去的东西呢? 进而引导学生思考产生这种现象的原因。

再如,地球时刻在自西向东自转,并绕太阳公转,为什么我们在地球上笔直向上跳时,地球在转,而我们落下来怎么还会落在原来起跳的地方呢? 在讲力的作用是相互的时候,可讲述为什么溜冰时候,你向前推墙壁,自己却反而是向后运动了;人划船的时候,怎么是要向后划水,船才会向前?

这样,学生通过不断地设疑、不断地质疑,利于激发学生浓厚的学习兴趣和求知欲望,会在生活中发现各种各样的物理现象和规律,为下一步学习物理学知识打下坚实的基础。

(3) 让学生一边做实验,一边观察和思考。

这是杨效华老师的化学课。

师：大家回忆一下,小学"自然"课上是怎样研究空气的组成的? 空气是由哪些成分组成的?

生:是用燃烧的方法来研究的,空气是由氧气和氮气组成的。

师:空气,看不见也摸不着,你能通过实验让我们感觉到空气的存在吗?

然后,引导学生回忆并创设问题情境:"关于空气你都已经知道了些什么?"将同学们引导到对空气的关注上来。通过学生的讨论,将学生已经具备的一些空气的组成知识呈现出来。再进一步引导学生思考:"如何通过实验来测定空气中氧气的含量呢?"将学生逐渐引导到本节课的重点——空气中氧气的含量的测定。用"红磷在集气瓶中燃烧,消耗了什么气体?""红磷没有全部燃烧,说明了什么?""打开止水夹,为什么集气瓶中能吸入约 $1/5$ 体积的水呢?"等问题的讨论,使学生真正得到科学探究的方法和心得,而不仅仅是获得知识本身。最后,从实验得到结论:空气是一个由多种物质组成的混合物。

教师指导学生做红磷实验,边动手边观察现象,学生讨论、思考分析现象,培养学生观察能力和由现象分析反应实质的能力,从而突破学习的难点。

(4)采取现代新科技手段,设计电脑动画。

对于初中学生来说,夏季风的进退这一内容比较抽象、难理解。在讲述这部分内容时,富群老师运用 LIASH 动画的方式吸引学生,使学生们从动画中可以看到,夏季风走到哪儿,雨就下到哪儿。如果它来早了、走晚了,那么这个地方的雨就下个不停,降水量就会变大;但如果第二年它来得晚、退得早了,雨水就少,降水总量也就变少了。因此,夏季风及其势力的强弱,就造成了我国降水量的季节变化与年际变化大。这样直观的展示符合学生的年龄特点,也有助于化解教学中的难点。

在讲授欧洲第二长河多瑙河时,将事先设计并已输入光盘的《多瑙河及其流域图》呈现给学生(注:画面背景为白色,多瑙河、伏尔加河、莱茵河等主要河流为浅蓝色,欧洲各国或地区的轮廓线为黑色,周围的海洋为蓝色)。当教师讲到"多瑙河是欧洲第二长河"时,浅蓝色的"多瑙河"变得明亮,闪动数次后恢复原状。当老师指出多瑙河是世界上干流流经国家最多的一条国际河流时,"德国"褐色色块变得明亮并闪动,此时"多瑙河"源头的亮点由西向东开始移动、延伸,横穿德国南部。当蓝色的"多瑙河"穿过德国边境进入奥地利边境时，"德国"褐色色块不再明亮闪动，而蓝色"河流"连续向东延伸流入奥地利西北部境内，这时的"奥地利"原白色色块变为粉红色色块，同时映现出黑色的"奥地利"字样，也开始闪动数次，然后锁定。蓝色"多瑙河"连续向东延伸，穿越奥地利北部，同时"奥地利"粉红色色块也变得明亮、闪动（后以此类推）。最后，流动的"多瑙河"穿过罗马尼亚向东注入黑海。此时，"黑海"蓝色的海面上变得明亮，并出现黑色的"黑海"字样，海水泛起波浪。

随着信息技术的不断深入，地理"动态记忆"教学法，还可以让学生直接上网，通过网上阅读、查找进行学习，运用"云课堂"等现代信息技术与教师进行有效的互动交流，甚至可以走出课堂，多开展地理探究等社会实践活动。总之，这种"动态记忆"教学强调"活""实"，其目的是打破时空上的限制，通过具体形象生动直观地呈现出各种地理事物和现象；利用学生的视觉、听觉、体验等感官媒介，让他们产生强烈的第一印象，引起学生的情感共鸣，集中的注意力，激发学习兴趣和求知欲，为上好一堂地理课打下良好的基础，使学生能更好、更多地获取地理知识，巩固地理知识，变书本知识教学为能力的培养。将"静态记忆"与"动态记忆"相结合，以逼真、形象的教学方式作用于学生的感官，可以促进学生形象思维的发展，开发学生的右脑潜能，提高学生的观察、记忆、思维、想象和创造能力，努力使地理教学更有效地提高学生的综合素养。

2."O"是指目标明确，关注分层，要落实好"分层点"

分层教学就是针对学生现有的知识基础、智力水平、非智力因素和学习成绩等差异，因人而异，分层制订出不同的教学目标，提出不同的教学要求，施以不同的教学内容，采取不同的教学方式，最大限度地调动每一个学生的学习积极性，充分促进学生智能发展；较好地突破班级授课制难以照顾学生个别差异的局限性，使因人施教能落到实处。

（1）抓住新内容，让基础不同的学生都能学会。

面对一群活泼好动、可塑性很强，但英语基础参差不齐的学生，如何让基础好的学生更自信，让基础差的学生树立信心，刘丽花老师的突破口就是音标教学。音标教学对于每个学生都是新的内容，使得部分学有困难的学生又与其他学生回到了同一起跑线。在学习中，他们发现自己并不比那些英语学习成绩优秀的学生差，从而自信心得到了增强，兴趣也随之而来。信心来自教师给予学生的成就感，兴趣也来源于教师生动形象的教学。

　　一般都认为国际音标难教、枯燥。确实,单纯的音素认读、记忆和反复拼读练习确实比较乏味。如果不在教法上多做文章,初中起始阶段的学生是不会感兴趣的。反之,如果在教法上来点"味精",即在教学中穿插有趣的游戏、竞赛,通过生动活泼的形式来加快认读,促进记忆,熟练拼读。通过紧张而激烈的竞赛,来激发学生学习的积极性和兴趣,学习效果要好得多。

　　(2) 使用恰当的分层目标和多媒体,让课堂教学更精彩。

　　在实践过程中,王欢佳老师尝试采用英语视频的方式教学,取得了非常明显的效果。王老师采用 *Passion for Fashion* 中的一段视频,该课话题"时尚"、生动有趣,学生也颇感兴趣,所用习题是该课改编后的相关习题。

　　首先,她从引导学生观看视频入手,通过观看视频获得整段视频的主旨大意和细节信息,更能生动形象地激发学生对话题的兴趣。通过视频大量输入相关信息,"脱口秀"能够呈现他们自己的观点,并且提供相应的建议,而相关分层练习检测学生对于视频是否理解。

　　其次,学生观看视频后,对"时尚"这个话题有自己的见解。可以通过小组讨论让学生表达自己的观点,产生思想火花。在选词环节全对的 C 层同学,可以直接进入自学单词环节,可以通过音标、发音、中文、词性及例句学习这些新单词。B 层同学提交之后,电脑给出中文及词性提示,学生再进行选择。再次提交后,便可进入自学新单词环节。教师可以及时了解学生的答题情况。对于错误率较高的单词,可以进行指导和讲解。

　　全对的学生进入下一环节。学生提交后会呈现错题,学生按问号键,会定位到答案所在的一小段视频处。学生可以参考字幕等再做选择。若再错,学生继续按问号键,直接呈现字幕和答案解析,帮助学生理解。教师可以根据数据对错误率较高的题目进行集体分析,或对个别学生进行指导。

　　最后,学生以采访的形式呈现给大家。整堂课气氛热烈。学生通过观看视频,可以更加清晰地了解话题背景和意义;通过"说"的环节,让学生阐述自己的观点,从而检测学生对于话题的理解。实践证明,设置恰当的分层目标、恰当有效地使用多媒体,会让课堂教学进行得更精彩、学生学得更轻松,每个层次的学生都达到了最佳的学习状态与收获。

　　(3) 层层推进,促进学生有效思维。

　　《背影》是朱自清早期散文的代表作。作品采用纪实的写法,叙述了多年前作者的父亲在浦口车站送其乘火车北上念书的情景。文章通过一个特定的角度，描写父子之间，在那特殊的社会背景之下的相爱、相怜的感情，真挚而动人。

如何从一开始就能吸引学生学习的兴趣，使其愿意跟着老师细细地去品味文中细腻而又深沉的伟大父爱？这是周小芬老师一直在思考的问题。20岁的朱自清由于经历的事情少，心智还不成熟，那时不能理解父亲；而今初一、初二的学生经历得更少，一直泡在"蜜罐"里，考虑事情往往只从自身角度出发，很少能换位思考，为他人着想。这一点是两者的相同之处。或者可以从这一点出发，拉近学生和作者之间的距离，激发学生阅读文本的兴趣，从而顺利进入对课文的学习与理解。于是，周老师决定从以下几个方面入手，一步步引导学生慢慢走进那饱含深情的字里行间。

第一步，问卷："幼儿园时我眼中的爸爸是怎样的？现在，我眼中的爸爸是怎样的？"

第二步，讨论：面对父亲一系列的不放心、一系列周到的照顾，文中"我"的反应是什么？

第三步，继续探讨：20岁的"我"未能理解父亲当年的一声声叮咛与细微的行为，28岁的"我"理解了吗？

第四步，再次探讨：再次细读文章，品味文中描写最细腻、最能让人感动的画面——望父买橘的背影描写。

第五步，联系自身，交流：回忆平时爸爸妈妈为自己所做的一些琐事，想一想，你能感受到他们对你的疼爱吗？

读懂文本，理解内容，体会作者的情感，是阅读的一个方面；由文及人、由文及生活，学会感受和思考，形成自己的人生感悟，加深对生活的理解，是阅读的另一个方面，也是非常重要的一面。读懂文本后，及时让学生联系自己的生活，引导他们关注父母、体谅父母、理解父母，学会感恩，这是语文教学"教书育人"的职责所在。课堂上，当学生在文中情感的激发下畅所欲言时，周老师感受到学生真的读懂了、理解了、感悟了！

3. "V"是指方法多样，互动有效，设置好"互动点"

课堂互动是指教师与学生、学生与学生、学生与文本、学生与已有生活经验的有效互动。课堂互动是一个动态的过程，交往双方在持续的交互作用中，交换着思想、情感。师生之间、生生之间通过心灵的对接、意见的交换、思想的碰撞、合作的探究，实现知识的共同拥有与个性的全面发展。它包括两个要素：一是互动必须是民主平等的；二是互动必须是积极的、自主的。课堂教学中的互动主要有两种：师生互动和生生互动。师生互动指在教学过程中，师生共同探讨、共同研究。在这一过程中，教师给学生以指点，学生给教师以启发，相互促进，共同发展；生生互动指学生间摆脱了"各自为战"的学习方式，在学习活动中互相推动，从而共同提高学习效益。

（1）抓住新知内容关键要义，实施师生教学互动。

新知教学是教学活动的重要内容，如果教师强行地将新知内涵要义"塞进"学生头脑中，效果往往事倍功半。但学生主动地参与教学互动，探知理解新知内涵，则"事半功倍"。教师在新知教学活动中，要摒弃"教师一讲到底"的"讲座"活动形式，建立师生互动的教学模式，借助于师生之间的交流互动，引导学生逐步探知和理解概念、性质、推理等内容要义，在有效互动中实现对新知内涵的深刻理解和有效掌握。

如我校姚春燕老师在上七年级数学《同底数幂的除法》时，从问题 3 "计算 $10^{12} \div 10^{9}$"开始，让学生经历计算、观察、猜想、验证的活动过程，从而对同底数幂的除法有一个渐进的认知过程。学生的认知也实现了从猜想到验证的过渡，为学生搭建了恰当的思维支架。在教学中，问题 3 激发了学生思考，多种方法的交流互动分析，使学生通过类比同底数幂的乘法，对同底数幂相除的本质进行了探究和分析，从而顺利得到同底数幂的除法的运算法则并验证。在提出问题 4 "通过对这 3 道题的整体观察，你能发现什么规律？你能用一个式子来表示这个规律吗？"之后问："这个等式成立需要什么条件吗？"学生在合作互动交流之后得出了 3 种情况：

当 $m > n$ 时，属于正整数指数幂运算；

当 $m = n$ 时，属于零指数幂运算，规定 $a^{0} = 1(a \neq 0)$；

当 $m < n$ 时，属于负整数指数幂运算，为后续学习做好准备。

让学生思考同底数幂的除法在知识体系中的价值，并且为后续的负整数指数幂和分数指数幂进行了铺垫，再次帮助学生完善整个知识框架。本环节开放度较大，学生得到了很多展现自我的机会，有助于提升学生的学习热情，同时通过师生交流、生生交流，从猜想到验证、从特殊到一般，让学生的思维逐渐"爬坡",渐渐形成整个章节的知识框架和体系。

（2）放大问题探析过程,实施合作探究互动。

问题教学作为教学活动的重要方式之一,同样也需要教师与学生之间、学生与学生之间的互动沟通。同时,探析问题的过程实际上就是互动交流的过程。初中数学教师在问题案例讲解过程中,不能"一言堂",以教师的"讲"取代学生的"探",而应该"教学结合""教学互动",将问题探析的过程变为师生互动的过程。通过师生的互动探讨、生生的互动交流,实现解题策略的有效掌握,解题效能的有效提升。

如我校俞佳帅老师在上六年级数学《分数的意义》时,设计了互动活动3:教师出示9支笔,让学生取走$\frac{1}{3}$,取对就送给该学生,再取走剩余的$\frac{1}{3}$,随后提出关键问题:同样是$\frac{1}{3}$,为什么拿到的笔数不同? 课堂气氛热烈,学生对于该活动送笔环节反应积极,并且回答准确率高。由于第一位同学拿走的是9支笔的$\frac{1}{3}$,而第二位同学拿走的是剩下6支笔的$\frac{1}{3}$,两者总体的总数不同,所以同样是$\frac{1}{3}$,两位同学拿到的笔数不一样。再请一位同学取走剩余的$\frac{1}{2}$,但第二位和第三位同学取到笔数又相同了。借助实物教具加上师生互动,进一步帮助学生理解总数与份数、每份数之间的关系,即"量"与"几分之几"的区别与联系。

俞老师以对话、沟通和合作等互动活动为载体,让学生在对话中吸纳他人的正确观点,在倾听中完善自己的观点,在互动中积累经验形成自己的思考,在交流中表达自己真实的想法。老师耐心倾听,传递交流的信息,寻找学生想法中积极因素并进行鼓励与表扬;或在学生思维发生偏差或障碍时,通过不断地追问或反问激发学生的思维,构建对分数意义的理解。

（3）利用评析活动指导特性,实施多元评价互动。

教育学认为,评价教学是教师对教与学双边活动过程及效果进行评讲、辨析的过程。学生在师生互动交流过程中,不能对自身的互动过程表现有准确、科学的评价和分析,影响和降低了互动活动的效能。评价活动的开展不仅仅局限于教师的"评",还包含学生个体之间的"互评"。通过教学评价手段,引导学生开展互通交流,实现学生在评价中有效互动,在有效评价中有效提升。

如我校曾英老师在上八年级数学"平行四边形的判定"时,设计了学生的互动评价。师生在证"一组对边平行且相等的四边形是平行四边形"时,一名学生改写成"在四边形 $ABCD$ 中,$AD/\!/BC$,$AD=BC$。求证:四边形 $ABCD$ 是平行四边形"后,就准备直接证明了。这时曾老师请同学们评价这位学生的想法。立刻有同学指出:

生:他缺了关键步骤——画图。

师:那你说说准备怎么画?

生:先画一组平行线,在 l_2 上确定 A、D 两点,在 l_1 上任意取点 B,再往右截取 $BC=AD$ 确定点 C。

师:大家怎么看他的想法,有没有对这个作图有疑义的?

生:他的想法有漏洞,题目没有说点 C 在点 B 的左边还是右边,所以还有一个 C 点,要考虑两种情况。

师:产生两个点,同学们思考一下,他说的这两个点都符合题意吗?你怎么看?

生:他的想法也有欠缺,有一个不符合。

师:为什么?

生:顺次连接,组成两个三角形。

在老师倡导的生生互动评价下,学生经历了几何问题研究的完整过程,还原了研究数学的最基本方法。曾老师一连串的追问,搭建了很好的思维支架,同学们思维的火花不断产生,帮助大家加深了对论证过程的理解和掌握。

(4) 重视课堂小结梳理,实施收获分享互动。

课堂小结是课堂教学的一个重要环节,在教学中起着不可忽视的作用。适当的课堂小结可以帮助学生理清知识结构,掌握内在联系,对促进学生构建自己的知识体系,有很大的帮助。因此,课堂小结更要引导学生互动交流,分享收获。

如我校熊瑶玮老师在上八年级数学"证明举例"时,通过课堂互动小结交流,指导学生把新、旧知识联系起来,形成知识结构,促进学生知识内化,引领学生透过现象看本质,找到知识的精华所在。

当熊老师讲完例3后,运用课堂小结交流互动,组织好教学过程的第二次"飞跃"。她通过3个问题,提高了学生的课堂关注点,培养学生的思维能力。

A. 这节课上你学到了什么知识?

B. 这节课上你感悟了什么数学思想方法?

C. 你还有什么问题?

通过这些问题的交流互动,引导学生除了关注知识之外,还应该关注数学方法的积累。熊老师坚持每节课结束前,用一点时间适当地进行小结交流互动,把本节课所学内容与前后的知识进行联系,从而帮助学生更灵活、更深刻地理解、掌握所学的知识,丰富自己的知识体系,并通过归纳总结,把相关知识融会贯通,为后续学习作铺垫。

4. "E"是指丰富体验,注重创新,激发好"探究点"

课堂教学是实施创新教育的主渠道。教师必须不断优化课堂教学,充分利用课堂40分钟,"解放"学生的创造力,让他们在轻松、生动的状态下学习,成为课堂教学的"主人"。教师要善于给学生搭建好创造的舞台,让他们勇于发现自我,表现自我,敢于发表独特见解,激发创新思维,增强探究意识和创新能力。

(1) 合作学习,实现学生创造性协作。

在八年级技巧"远撑前滚翻(5—3)"一课中,潘菊妹老师采用了分组形式:a(a1、a2)组为水平较差组,b(b1、b2)组为水平较高组。在复习上节课的内容时,老师要求b组同学先观看a组同学演示。在随后的练习中要求a组同学通过观看b组同学的演示,由各小组长带领,讨论、分析a组同学的技术;然后对照自己的技术,寻找自己所存在的问题,最后进行改进练习。同时,要求b组同学在进一步完善技术的基础上进行创想练习。先由小组长结合本组技术特点进行讨论、积极发挥自己的创意,并进行尝试性练习(做好保护与帮助)。

通过练习,大家的积极性很高,各小组都表现得很团结。令人可喜的是,a 组的同学技术提高得很快,有好几个被提升到了 b 组,而且 b 组的同学也有较好的创想! 合作学习模式能充分体现课堂教学中"以学生发展为本"的指导思想,充分展现教师能围绕学生的"学"而教,并较好地发挥、调动学生自主学习的积极性,这样比教师单纯讲解、示范、反复练习的教学,效果有明显提高。

合作学习改进了以往传统教学整齐划一的课堂教学形式,给学生创造协作学习提供了切实可行的条件。合作学习采用"思考—尝试—结论—练习"的教学模式,注意启发学生发现问题、提出问题,鼓励学生"想一想""练一练""问一问""试一试",寻求自己解决问题的方法,培育了学生的思维能力。

(2) 设计课堂专题探究并进行实验验证。

二氧化碳与氢氧化钠溶液的反应是初中化学一个重要知识点。在新课改以来的几年中考试题中,每年都有它的身影,试题呈现方式形形色色。但二氧化碳与氢氧化钠溶液没有实验现象,使学生在学习这一反应时没有感性认识,掌握较难。为了突破这个难点,汪成花老师在复习课中设置这一专题,把学生在课堂学习中遇到的问题作为课题,引导学生从检验生成物和生成物状态变化引起气压变化两方面思考,设计实验进行探究,验证二氧化碳与氢氧化钠溶液发生反应。

课堂上,各小组准备比较充分,课堂上学生积极性高,思维活跃,学生参与面广。学生设计出了许多精彩的实验方案,方案中现象明显,操作简单,取材易得。通过课堂专题探究并进行实验验证,从不同的角度来验证二氧化碳与氢氧化钠溶液反应,既激发了学生的兴趣,调动了学生的学习积极性,还实现了实验创新与动手能力的有机结合。同时通过对实验方案的设计和讨论,增强了小组合作交流意识和能力。通过叙述实验原理、描述实验装置和实验现象,培养了学生语言表达能力。通过设计对照实验,开拓了学生思路,培养了学生严谨的思维能力。

(3) 设计挑战性任务,促进高阶思维能力发展。

思想品德课程标准指出,思想品德的教学必须改革传统的教学方式,倡导开放互动的教学方式和合作探究的学习方式。设计形式多样的学科实践活动,让学生在课堂内外动起来,在社会实践活动中,感受相关社会科学知识的应用价值和科学思维的意义。

设计有挑战性的任务这一教学活动,可以打破学生学习时的主要任务就是对各种事实性的信息及概念的复述和简单的应用,把学习变成一种有意义的社会实践活动,在活动中学生不断思考,不断对各种信息和概念进行加工转换,将过去知识经验、能力在活动中汇集成新的信息,促进知识能力向纵深发展,也促进自己的思维层级向更高水平发展。

八年级第二学期钱毓琴老师设计了一项涉及锻炼交往能力的挑战性任务:班级同学分为 6 组(每组六七人),每组同学利用课余时间,通过与他人交往至少获取 36 个陌生人签名。

14 岁的学生还缺乏与人打交道的经验,特别是要向陌生人取得签名,这样的任务具有一定的挑战性。因为任务完成需要运用他们过去习得的与他人交往的经验,同时又会面临被拒绝的可能。但他们迈出了自己 14 岁重要的一步——走向社会,走近陌生人,尽己所能得到 36 个陌生人的签名。在活动中感受与人交往的情绪体验:羞怯、害怕、沮丧、兴奋等,在活动中进一步将过去习得的知识深化,推动自己的认识向更深层次发展,过去的知识经验、能力在新的场景的交汇中有了新的进展、新的突破,在任务中课本知识被活化,懂得大胆与人交往就要:自信、正视自己的弱点、增加知识充实自己。

学生在独立完成具有一定挑战性的学习任务中,受制于经验、能力、法律法规、知识不足,会或多或少地遇到自己无法解决的问题,这就需要师生、生生合作,共同构建解决方案。在共同构建方案过程中,学生需要清晰地表达自己的问题或难点,理解他人的陈述,相互论证各自的观点或假设。这就将学生置身于问题解决、决策、创新、批判性思维等多元思维活动的交汇情境中,从而有利于学生知识的构建,促进高阶思维能力的发展。

在本次"协作共同构建解决任务"活动中,学生个体和小组这一集体相融相合,个体、集体又与社会交融,构成了一个较大的交往范围。在这个交往过程中,小组成员之间,与社会其他成员的交往、认同、尊重、商议、接受、接纳等,最终成为社会成员的品质。在整个任务中,学生经历问题解决、决策、创新、反思等思维活动,使学生在获得知识与技能、品格提升的同时,高阶思维能力也能得到训练与发展。

(二) 如何深化"L-O-V-E"课堂?

1. 追求"L-O-V-E"课堂的 6 个"味"

第一,"L-O-V-E"课堂应体现"生活味"。课堂如果少了"生活味",就成了没有颜色的画、没有根系的树,就会失去了应有的鲜活。

第二,"L-O-V-E"课堂应体现人情味。富有人性的课堂应贴合学生的实际,从学生中来,又要走到学生中去;能想学生之所想,连接学生的生活体验。

第三,"L-O-V-E"课堂应体现"成长味"。健康的课堂应具有促进学生发展的可能性的特质,要抓住学生的眼球,致力于推动学生学习知识的逻辑性和学生个性思维发展的层进性。

第四,"L-O-V-E"课堂应体现"整体味"。课堂上要形成各科知识的有机勾连,实现学科之间知识的有效整合。如此,知识不再是单一的知识,而能真正转化为学生的一种能力,让学生学有所得、学有所成。

第五,"L-O-V-E"课堂应体现"公平味"。要关注班里的每一个同学,给每个同学以机会。教师在提问、辅导或在设计问题时宜考虑到教育的普遍性,让教育的甘霖洒到每一个学生的心间,让每个同学都能感受获得的喜悦。

第六,"L-O-V-E"课堂应体现"清新味"。充满吸引力、活力的课堂应体现创新的意识,通过各种手段来保持学生学习的新鲜感,让学生对每一节课都满含着期待。

2. 提出"四层三向三级问题链"的课堂教学范式

在"让爱滋润每个师生心田"的关爱教育理念指导下,学校建设"暖记忆"课程,重点实施为构建"L-O-V-E"课堂。"L-O-V-E"课堂包含 4 个落实点。"L-O-V-E"课堂架构的两大抓手是课堂观察研究和教师的"一日研修"活动。

"L-O-V-E"课堂的聚焦点只有一个,那就是思维培育。在课堂教学中培育学生的思维能力,我们关注"关键问题及其追问"的设计。由此,我们逐步清晰"四层三向三级问题链"的课堂教学范式(见图3-3、图3-4)。"四层"是指第一层为单元的核心问题,然后分解为第二层的课时的关键问题,再细分为第三层的几个关键设问,最后为第四层灵活的系列追问。

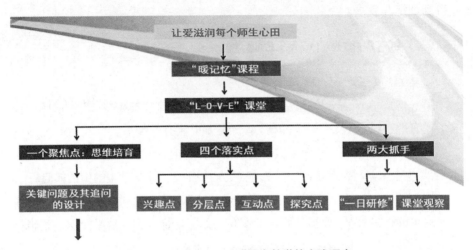

图3-3　"L-O-V-E"课堂教学的实践研究

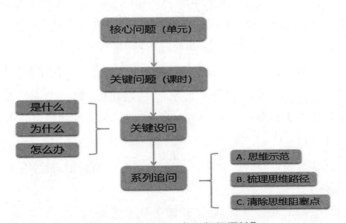

图3-4　"四层三向三级问题链"

"三向"是关键问题提出的三个方向,即"是什么""为什么""怎么办"。"三向"让关键设问层级清晰、逻辑严密。"三级"是指系列追问分为三个层级,可以从三个不同维度展开,具体为:A级的思维示范、B级的梳理思维路径和C级的清除思维阻塞点。"三级"实现学生在系列追问中,思维能力从低到高、循序渐进、有规则、有方法地扎实提升。

三、课堂观察深化"L-O-V-E"课堂思维培育

自 2007 年以来,三门中学教育教学质量多年名列区域前茅,受到了社会的一致好评。"进口低、出口高"的三门现象也受到了各界的广泛关注,学校被称为"老百姓身边的好学校"。但从 2011 年和 2012 年学校的绿色指标测试情况反馈中,我们发现,"高层次思维能力"是学校发展的"短板"。2013 年 5 月,学校开始"关注学生思维培养,促进终身发展"的教育探索,随后携手联合育鹰学校、上海理工大学附属初级中学,通过课题研究在校学生高层次的思维能力薄弱的教育瓶颈问题,将课题涉及的学科定在数、理、化学科。旨在探索教与学方式的转变,通过教研方式的创新,打造促进学生思维发展的有效课堂、生态课堂,促进"育人"本原在课堂的价值回归,形成较为成熟的路径与案例,供区域内同类学校借鉴与参考,从而积极践行区域创智课堂建设。

(一) 课堂观察在学校层面的顶层设计与行动实践

2013 年 10 月,教研联合体在上海市教育科学研究院普通教育研究所夏雪梅博士的指导下,引入了"以学习为中心"的课堂观察。联合体教师学习课堂观察"是什么",理解"为什么"要进行课堂观察,课堂观察与以往的听评课有什么区别,基于学生思维发展的课堂观察"怎么做"。同时联合体还认真学习了浙江余杭高级中学的《课堂观察 LICC 模式》,从中得到了许多借鉴。经过两年多的实践积累,观察小组从原先的 3 组到现在基本定为 5 组——"教师课堂提问""学生课堂对话""学生课堂参与度""学生个体思维表现"和"课堂后测"。

2015 年起,学校参与区域国家课程校本化实施项目第二轮"提升学校课程领导力"研究。学校通过多轮研究,形成语、数、外、理、化 5 个学科的各年级的学生思维培育目标;总结和提炼了各学科课堂教学思维培育的有效策略;形成了较成熟的"基于学生思维发展的课堂观察"模式,积累了各学科的课堂观察案例。学校在教师层面开展了"一日研修"、课堂观察,案例研究、课堂教学展示、教学比赛,在学生层面开展了联合探究、学科竞赛等。

截至 2017 年 9 月,我们集群发展的 5 所成员校在专家指导下,分别牵头一门学科开展了"语、数、外、理、化学生思维调查问卷"(三门中学、辽阳中学、铁岭

中学、昆明学校、上海理工大学附属实验初级中学），再通过日常教学观察、作业考试显现、个别交流访谈等，形成"学生思维现状调查报告"学科小报告和集群大报告；通过各校学科教研组讨论分析、聘请专家论证，以课程标准为依据，确定了各学科、各年级的思维培育目标的1—3个关键词，每学期围绕一个关键词在学科开展一次"一日研修"、课堂观察，形成一个课例和观察报告。教学中关注学生思维发展的理念在教师中基本形成，教师们在实践中总结了一些思维培育的策略（见图3-5），如"问题开放发散思维""设计关键问题聚合思维""关注追问迁移思维""思维导图"等，整编成册《创智课堂思维培育36计》；完成了《基于学生思维发展的课堂观察实践指南》，形成了初步的课堂观察工具，开发了信息化量表，使得课堂关键事件的梳理与数据收集便捷、规范，指向思维的分析更到位。

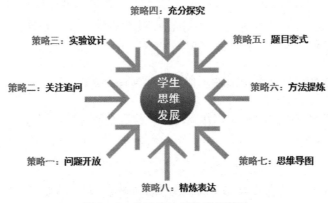

图3-5   关注学生思维发展策略

（二）课堂观察在教研组层面的顶层设计与细化落实

为推进整体研究方案的细化落实，我们重点抓教研组，用团队的智慧和实践，破解难题。以下以数学组为例，将我们的实践简要呈现如下。

2015年9月，数学教研组开始在课堂教学中进行思维培育的有效策略探究，制订了数学教研组学生思维培育项目的推进计划。确立了六到九年级学生的数学思维培育目标，即要探寻数学课堂中促进学生思维发展的有效策略，开发初中数学课堂"基于学生思维发展的课堂观察"工具。我们采用"一日研修"教研模式，即"教师同课同构"，探寻课堂中促进学生思维的策略和方法，为学生搭建了思维递进的支架，促进了学生的思维发展。

　　我们完成了"学生数学思维现状调查报告"，初步确定了六到九年级学生的数学思维培育目标的关键词；确定了以关注课堂关键问题及其追问的设计为主要策略，促进学生思维的发展；梳理出课堂观察主要的 5 个维度、20 个视角、58 个观察点。每次观察选择若干个观察点进行观察，携带相应的观察工具。观察学生的学习历程，将学生的思维用一种可报告、可分析的方式记录下来，既有对课堂关键事件的分析，也有课堂数据的佐证，使思维培育策略的探究有了有效的检测手段和方法。

　　1. 五维度课堂观察法

　　要观察课堂，首先必须解构课堂。课堂涉及的因素很多，主要包括学生、教师、课程和课堂文化，各因素之间又是相互联系、交错互动、浑然一体的，因此课堂内可以采集的数据很多，可以观察的点也很多。要把观察主题定位在学生的思维上；课堂观察的重点在师生对话上，搭建了一个简明、科学的观察框架作为观察的"支架"。

　　关注学生思维的课堂观察设计为 5 个维度，即教师问题设计维度（主要关注教师怎么问，问题对促进学生思维的效果怎样）、学生课堂互动维度（主要关注教师的问题是否让学生的思维发生、有无促进）、学生个体行为维度（主要关注的是问题顺应学生思维的适切度如何）、课堂文化维度（主要关注的是教师、学生、思维三者之间发生联系，在整个互动、对话的过程中形成了课堂文化。因此，课堂文化关注的是思维培育的课堂环境怎么样）、课堂后测维度（主要关注的是教师指导的思维方法学生理解了多少）。这 5 个维度共同构成了关注学生思维的课堂观察框架，成为课堂教学的抓手（见表 3－2 至表 3－6）。观察点为观察者立足"点"来观察课堂提供了支持，而整个框架又为观察者从"面"上观察课堂提供了支持。所以，课堂观察框架从"点"和"面"出发，引领观察者观察课堂。

表 3－2　维度一：教师问题设计

视角	观 察 点 举 例
关键	（1）有几个关键事件（依据／逻辑关系／时间分配）？ （2）每个关键事件中的关键问题设计是否恰当（问题类型／结构／认知难度）？关键问题的设计关注了学生哪块思维的培养？ （3）有哪些证据说明关键问题的设计促进了学生思维的发展？ （4）每个关键问题下追问的设计（个数／合理／顺应思维／契合主题）怎样？

（续　表）

视角	观 察 点 举 例
追问	（1）追问效度（清晰／简洁／语速／音量／节奏）如何？ （2）是否有预案（学生思维没有顺应预设追问,怎样调整追问)？ （3）为学生完成追问提供了帮助？是否适当？是否有效？ （4）提问的时机、对象、次数怎样？
对话	（1）候答时间多少？理答方式和内容怎样？有哪些辅助方式？ （2）有无转问？转问与学习目标、思维培养的关系如何？ （3）问题设计有哪些调整？效果怎么样？
机智	（1）如何处理学生提出的问题？效果怎么样？ （2）有哪些课堂行为有利于学生思维的培养（语言／教态／学识／技能／思想）？

表 3-3　维度二：学生课堂互动

视角	观 察 点 举 例
倾听	（1）有多少学生能倾听老师的讲课？能倾听多少时间？ （2）有多少学生能倾听同学的发言？有多少人对同学的发言进行反驳或补充？ （3）有哪些互动行为／合作行为？有哪些行为直接针对思维培养的达成？
互动	（1）参与小组讨论的时间、过程、结果怎样？ （2）参与课堂活动（个人／小组）的时间、过程、结果怎样？ （3）学生互动／合作的习惯怎样？出现了怎样的情感行为？ （4）参与回答的人数、对象、过程、结果怎样？
回答	（1）有哪些回答说明学生思维得到了促进？ （2）有无超出课堂预设的精彩生成？产生的原因是什么？ （3）有无无效回答？产生的原因是什么？怎样改进？ （4）学生清楚这节课除了知识点目标外还应掌握哪些思维方法吗？
促进	课堂中有什么证据（观点／练习／表情／板演／演示）证明学生思维有所促进？

表 3-4　维度三：学生个体行为

视角	观 察 点 举 例
个体	（1）被观察学生的学习基础如何？个性怎样？ （2）被观察学生的日常思维习惯怎样？ （3）被观察学生对学习内容的初步认知怎样？
行为	（1）被观察学生在每个关键事件中的表现如何？ （2）在每个关键事件中有哪些行为证明学生的思维有所促进或有变化？ （3）对教师设置的关键问题的应答情况如何？

（续 表）

视角	观 察 点 举 例
参与	（1）被观察学生参与小组讨论的时间、过程、结果怎样？ （2）被观察学生参与课堂活动的时间、过程、结果怎样？ （3）被观察学生互动／合作的习惯怎样？
评价	（1）被观察学生在关键事件中的表现有无得到过教师的评价？有无得到教师的辅导？教师的辅导对学生的思维发展有无促进？ （2）被观察学生在互动／合作中有无得到过同伴的评价？有无得到同伴的帮助？同伴的帮助对学生的思维发展有无促进？

表 3－5 维度四：课堂文化

视角	观 察 点 举 例
民主	（1）课堂话语（数量／时间／对象／措辞／插话）怎样？怎样处理不同意见？ （2）学生课堂参与情况（人数／结构／占比）怎样？ （3）师生行为（情景设置／叫答机会／座位安排）怎样？
创新	（1）课堂上有哪些奇思妙想？学生如何表达和对待？教师如何激发和保护？ （2）为促进学生思维发展教师有无创新策略？效果怎样？ （3）思维培育是否面向全体学生？是否关注不同学生的需求？
关爱	（1）特殊（学习困难／障碍／疾病）学生的思维发展是否得到关注？ （2）座位安排、叫答机会是否得当？
特质	（1）课堂体现了教师哪些优势（语言风格／行为特点／思维品质）？ （2）在哪些方面（环节安排／教材处理／导入／教学策略／思维指导／对话）体现特色？ （3）师生／学生间关系（对话／行为／话语／结构）体现了哪些特征（平等／和谐／民主）？

表 3－6 维度五：课堂后测

视角	观 察 点 举 例
练习	（1）练习题设计（教学目标／思维发展目标）是否恰当？ （2）练习题数量是否合理？ （3）练习题难易度（区分度／针对性）是否适中？ （4）每道练习题的得分率怎样？失分点是什么？
反馈	（1）班级平均分多少？满分率多少？优良率多少？合格率多少？ （2）被观察学生得分多少？失分点是什么？ （3）每道练习题失分原因（知识点／行为习惯／思维方法）是什么？
分析	（1）被观察学生得分情况说明什么？ （2）班级得分情况说明什么？

（续　表）

视角	观 察 点 举 例
评价	(1) 本课学习学生的思维发生了吗？思维发展有无促进？占比多少？ (2) 本课的教学目标达成率是多少？

2. 课堂观察工具量表设计

20 个视角、58 个观察点，都在变化，给课堂观察和记录带来了极大的挑战。如何进行有效的观察和记录，必须借助于一定的工具。我们常用的工具有照相机、录像机和课堂观察记录表等。以下是从教师问题设计、学生课堂互动、学生课堂整体表现、学生个体思维和学生课后反馈 5 个维度研发的课堂观察记录表（见表 3 - 7 至表 3 - 11）。

表 3 - 7　教师问题设计

课题：　　　　　　执教：　　　　　授课班级：　　　　　观察员：

关键事件	关键问题	具体追问	问题解决方式及效果
对思维培育的评价与建议			

表 3 - 8　学生课堂互动

课题：　　　　　　执教：　　　　　授课班级：　　　　　观察员：

学生课堂对话		表达机会与类型							
任务或行为		记忆性				解释性			探究性	
		无效表达	复述再现	判断对错	给出答案	运算操作	解释说理	归纳要点	提出质疑	发表创见
1	阅读理解									
2	回答解惑									

（续　表）

学生课堂对话		表达机会与类型								
任务或行为		记忆性				解释性			探究性	
		无效表达	复述再现	判断对错	给出答案	运算操作	解释说理	归纳要点	提出质疑	发表创见
3	解题板演									
4	生生对话									
5	汇报交流									
6	小结反思									
7	其他									
分类汇总										
学生精彩表现										
对学生思维促进评价和建议										

表 3-9　学生个体表现

课题:　　　　执教:　　　　授课班级:　　　　观察员:

学生个体基本情况					
学生姓名		性别		学习水平	
日常思维习惯			学习习惯		
关键行为描述			关键行为分析		
对学生思维促进的评价和建议					

表 3‑10   学生整体课堂表现

课题：   执教：   授课班级：   观察员：

学生课堂座位表							
黑板							
第一列	第二列	第三列	第四列	第五列	第六列	第七列	第八列
★ ● ▲	★ ● ▲	★ ● ▲	★ ● ▲	★ ● ▲	★ ● ▲	★ ● ▲	★ ● ▲
1	5	9	13	17	21	25	29
2	6	10	14	18	22	26	30
3	7	11	15	19	23	27	31
4	8	12	16	20	24	28	32

注：本部分观察可根据座位对学生做个体记录，便于汇总分析学生的各类活动覆盖比例等信息。其中，★表示学生问题回答精彩，●表示学生问题回答正确，▲表示问题回答不完整或不正确。在记录时统一画"正"字表示。

课堂整体情况统计							
回答人数		回答精彩人次		回答正确人次		回答不完全人次	
占班级人数百分比		占回答人次百分比		占回答人次百分比		占回答人次百分比	

课堂整体情况评价与建议

表 3‑11   课堂后测

课题：   执教：   授课班级：   观察员：

后测内容	参与学生人数				典型情况及分析
	思维考察点	正确率	错误率	无效	
1					
2					
3					

（续　表）

后测内容	参与学生人数				典型情况及分析
	思维考察点	正确率	错误率	无效	
4					
5					
对学生思维促进的评价和建议					

3. 课堂观察的实施步骤

关注学生思维发展的课堂观察主要分课前会议、课中观察、课后会议。

（1）课前会议。在课堂观察之前,主要解决三个问题。第一,被观察者说课。主要围绕五方面展开:说教材及蕴含的思维要求;说教学目标、思维目标、重难点;说学生的思维基础和思维习惯;说教法和策略、说学法;说关键事件、关键问题及其追问。第二,观察者提问与被观察者解答。第三,双方商议,确定思维观察点及量表,准备观察工具等相关事宜,为后续的行为奠定基础。课前会议最好在开课前一天举行。

（2）课中观察。进入课堂,依照课前计划,对观察到的信息进行记录。观察者进入观察现场后,依据所分任务、所选择的观察角度和观察点,来选择恰当的观察位置。通过不同的记录方式准确地记录信息及思考。所采集信息的科学性、可靠性关系课后研究的信度和效度。因此,课中观察是整个观察活动的主体部分。

（3）课后会议。课后议课着重解决以下问题:第一,被观察者的反思。主要围绕"这节课的教学目标、思维培养目标达成了吗?""关键事件中的关键问题解决了吗?""教学中生成了哪些问题,你是如何对待的,原因是什么?"等问题展开。第二,观察者简要报告观察结果。报告观察结果要遵循"简明、有依据、有回应、避免重复"4 个原则。第三,形成几点结论和改进的具体建议。结论主要体现三个方面:一是成功之处;二是个人特色,即教学风格;三是存在的问题,并提出几点改进的建议。第四,是结果呈现形式,可以是口述,也可以是文本,最终形成观察报告(见图3-6)。

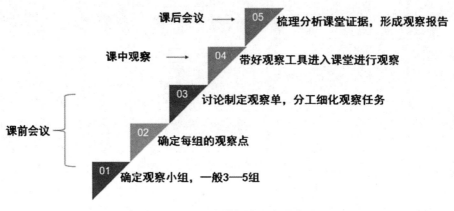

　课后会议 ——→　05　梳理分析课堂证据,形成观察报告

　课中观察 ——→　04　带好观察工具进入课堂进行观察

　　　　　　　03　讨论制定观察单,分工细化观察任务

课前会议　　　02　确定每组的观察点

　　　　　　01　确定观察小组,一般3—5组

图3-6　三门中学课堂观察流程图

　　学校还打造了课堂观察的电子平台量表,能够第一时间将观察数据、文字、图像和视频捕捉,并上传"云"平台,为课后评价提供全面的实证依据。平台的界面、操作性等正在不断完善。根据中考改革的新精神,学校将继续组织教师开展"一日研修"主题活动,在中考新增学科上加大研究力度。另外,我们还计划在原有课堂观察信息化平台的基础上,把被观察学生在课堂上表现的相应评价纳入对学生综合评价体系中,研发更能体现中考改革新增学科特色的评价指标,如体现文理科差异的观察维度和评价内容,从而更好地与高中生综合素质评价贯通。

　　4. 基于观察的循环实证改进

　　以语文学科《藕与莼菜》为例,将"关键问题"作为思维培育策略应用到课堂中。在预习时,不少学生的思维仅停留在作者对藕与莼菜的喜爱、对故乡的怀念,怎么用关键问题去拓宽思维的深度呢?

　　(1)第一轮教学设计和常态实践。设置本节课的关键问题是:通过对比,我们发现叶圣陶笔下,20世纪初故乡和上海的藕截然不同,但为什么都用珍品来形容呢? 这一个问题使学生的关注点由藕到人:故乡人是怎样的? 茶房摊贩又是怎样的?

　　"用关键问题去拓宽思维的深度"①:为什么两地的人对藕的态度不同? 引导学生关注两地不同的民风和人际关系。

"用关键问题去拓宽思维的深度"②：不同的民风、人际关系反映了两地各是怎样的生活？问题的层层递进引导学生由藕的对比认识到人的不同，由人认识到生活方式的不同。

"用关键问题去拓宽思维的深度"③：为什么对比两地的藕、人、生活？很自然引出或明或暗的对比都是为了对故乡的怀念，而且怀念的内容很丰富，有对淳朴、勤劳的故乡人的赞美和对平等、和谐的生活的向往。随着，以关键问题为核心的问题链的引导，使学生思维的广度得到提升，对文本的解读也随之深入。

（2）第一轮问题诊断与反思矫正。课堂观察小组对这堂课从教师提问、学生整体表现、学生个别表现等方面进行了"课堂观察"，发现教师的有效提问个数上升，学生主动举手回答有 20 多次，课堂氛围比较活跃。但精彩回答略少，教师对"学困生"的关注不够。

学生在给出一个回答时，脑海里经过了一系列的判断和推理。这个过程往往是隐性的、有价值的，常被老师和学生所忽略。精彩回答较少是课堂上没有给足时间和问题来引导学生充分展示自己由因及果的推理过程。一些"学困生"的回答虽然是片段的、遗漏的，但教师是否可以再追问下去，帮助学生梳理出他的思维过程，找到思维的阻塞点？

追问设计的原则，首先是针对性原则。当学生的回答模糊，出现知识性错误、逻辑问题时，教师要有针对性地提问问题。其次，过程性原则。对待学生的回答无论对错都不能一锤定音，要多问"你是怎么想的？""为什么这样想？"等能够激发学生梳理思维过程问题。

（3）第二轮行为跟进。关键问题激发了学生的思维，但学生思维的逻辑性不强，因此教师可以在关键问题的基础上及时追问，挖掘学生的思维路径，引导学生完善逻辑推理过程。

在第二轮教学实践，谈及故乡的人际关系时，学生答道：红衣衫的小姑娘"拣"一节，白头发的老公公"买"两支，清淡甘美的滋味普遍于家家户户。感觉他们的生活非常自在惬意，人和人之间关系比较近。这是一个缺少依据的片段式答案。教师及时追问：关系比较近，你是从哪里看出来的？学生道：红衣衫的小姑娘、白头发的老公公，作者对他们的称呼很亲切，就像自家的朋友一样。在追问下，学生模糊的、凭感觉下结论的思维过程变得有理有据。

（4）基于分析结果的实践效果。

一是从个体来看，学生的思维在解决关键问题的过程中不断爬坡，需要思考的范围扩大了，情感体验的层次丰富了。其次，教师的追问帮助学生梳理出一个回答背后蕴藏的因果推理过程，培养了学生注重事实、注重依据的逻辑思维的能力。

二是调动起了各个层次的学生。难度螺旋上升式的问题链使得各个层次的学生都可以参与到课堂的思考中来，都有思维的空间，从而调动起了各个层次的学生。

三是优秀学生起到了思维示范作用。有些学生的思维十分细致，从一个字推敲出作者的用意和情感；有的学生思维过程很严谨，因果逻辑清晰。这些同学的思维过程对于其他学生是一种很好的示范。可以让学生来启发学生。

（三）课堂观察在教师层面的课堂实践和行为改进

以下是我校数学教师赵霞执教的八年级几何"直角三角形的性质2"的教学设计及说明。基本的学情是：学生七年级在研究等腰三角形时经历了"折纸操作—观察发现—得到猜想—给出证明"的学习过程，本课以此类比研究另一特殊三角形——直角三角形。本节课从一般到特殊，探究等边三角形与含30°角的直角三角形之间的关系。授课教师赵老师聚焦教学目标精心设计了一系列关键问题及追问，搭建思维支架，重在启发、引领、深化学生的逻辑思维能力。

教学目标：

（1）掌握直角三角形性质定理（2）的推论1的论证方法，能用符号语言规范表达。

（2）经历"操作—观察—猜测—推理论证"的几何研究过程，体验科学的思维方式，发展合情推理能力，提高逻辑推理能力。

教学重点：通过折纸活动，对含30°角的直角三角形性质进行探索。

教学难点：操作活动中，通过不同的折法，发现新知识，获得猜想并进行说理证明。

教学关键环节如图3-7所示。

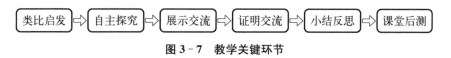

图3-7 教学关键环节

环节一:类比启发

关键问题一:让我们一起来思考一下我们是怎样研究一些特殊三角形的?

追问1:我们学过哪些特殊三角形?

追问2:等边三角形与等腰三角形有什么关系?

追问3:它们有哪些性质?

追问4:我们是通过什么操作活动直观得到这个性质的呢?

活动1:请同学们拿出事先准备好的等腰三角形和等边三角形(见图3-8)折一折,思考回答能得到哪些不同的结论。

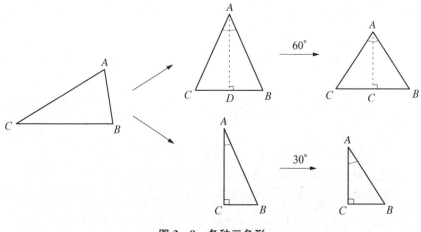

图3-8 各种三角形

设计说明:通过关键问题以及它的四个追问感悟新课内容的研究方向;活动1的目的是让学生初步感知通常的折纸方式,为后面的折纸探究奠定基础,同时引导学生关注等腰三角形与直角三角形之间的联系,并以此能类比联想到等边三角形与含30°角的直角三角形之间的联系。通过这些思维支架的搭设,激活学生已有的思维方法,迁移到即将学习的新内容。

环节二：自主探究

关键问题二：我们能不能用类似的方法来研究含 30°角的直角三角形的性质呢？

活动 2：请同学们也同样用折纸的方法来探究它的性质。

追问 1：每折一次画出折痕。你能画出折痕吗？

追问 2：折完后观察，你有什么发现？为什么？

追问 3：你还有其他不同的折法吗？

请同学们在自己的小组内交流折法和发现。

设计说明：通过关键问题二及 3 个追问明确了具体的操作方法，避免了学生的盲目操作，折痕的画出更方便了学生的观察。活动 2 的目的是学生通过对直观图形的操作观察、归纳猜想的探究式教学方式来调动学生学习数学的积极性和主动性，由此增强了学生动手实践和抽象提炼的能力。学生通过小组交流互动可以发现不同的折法，让大家能充分地、尽可能多地发现含有 30°锐角的直角三角形的特殊性。

环节三：展示交流（折纸）

关键问题三：通过刚才对 30°角的直角三角形的折纸活动，我们发现并获得什么猜想？

活动 3：小组代表向全体同学展示不同的折法，交流他们小组的发现和猜想。

追问 1：你是怎么折的？有什么发现？怎么发现的？

追问 2：有没有不同的折法？有没有不同的发现？

追问 3：在刚才同学们的交流中，有一个共同的发现和猜想是什么？

设计说明：折法的展示交流过程中设计了 3 个追问，让学生充分表达自己的折法和发现。共出现 4 种折法，每种折法都有四五个发现。如，折后出现等腰三角形、等边三角形、全等三角形、30°角的直角三角形、直角边与斜边的倍半关系。每种不同的折法又有一个相同的发现：30°角所对的直角边是斜边的一半。再通过追问，获得共识（猜想）。在整个学生展示交流的过程中，要适时地引导、鼓励，关注学生在活动中所表现出来的情感和态度，帮助学生了解自我，建立自信，培养学生对几何说理的学习兴趣。

环节四：证明交流

关键问题四：怎样从不同的折纸过程中来说明 30°角所对的直角边等于斜边的一半？

活动 4：请同学们独立完成猜想的证明过程。

追问 1：你是怎么想到要这样去证的？

追问 2：还有不同的证法吗？

追问 3：这条定理的符号语言是什么？

设计说明：通过设置关键问题四和它的 3 个追问完成验证猜想的证明过程，请学生说明是怎么想到的。通过展示他的思维过程启发其他学生探索"几何证明"的途径。投影展示、点评学生的证明过程，目的是引导学生如何有条理地表达证明过程。重在发展学生的合情推理，培养学生逻辑推理能力。

环节五：小结反思

关键问题五：你有什么收获？

追问 1：我们研究了什么图形？得到了图形的哪些性质？

追问 2：在研究过程中用到了哪些方法？

追问 3：直角三角形具有一定的研究价值，你认为接下来还需研究什么呢？

设计说明：关键问题五及三个追问，让学生梳理了本课的知识点，特别是学生感悟到了"操作—观察—猜想—证明"这样一个探究几何的方法，能够建立等腰三角形和直角三角形之间的联系；体会了类比思想，关注到了一般与特殊之间的联系。

环节六：课堂后测

(1) 写出直角三角形性质定理(2)推论1：

(2) 请选择一种你喜欢的方法完成下列证明。

已知：在 Rt$\triangle ABC$ 中，$\angle ACB = 90°$，$\angle A = 30°$。求证：$BC = \frac{1}{2}AB$

(3) 在等腰$\triangle ABC$ 中，$AB = AC$，$\angle BAC = 30°$，$AB = 10$，求$\triangle ABC$

的面积。

设计说明：题目(1)是考查学生对于直角三角形性质定理(2)推论1的掌握；题目(2)是考察了本课的重点对于推论证明的理解；题目(3)是考查学生对于定理推论的简单应用。通过3个题目检测学生本课知识点的落实及数学思想方法的感悟。

(四) 课堂观察在学生层面的课堂反馈与成效初现

以下是课堂观察中发现的节选。

用问题搭建思维支架　引领学生深层次探究
第一小组观察员　曾英

片段2：环节五　小结交流

关键问题五：通过今天的学习，你有哪些收获？

生2：我知道了等腰三角形与直角三角形之间的关系。

师：什么关系？

生2：等腰三角形通过底边上的高可以分割成两个全等的直角三角形。直角三角形通过斜边的中线可以分割成两个等腰三角形。

师：那么等边三角形、含30°的直角三角形情况又如何呢？

生2：等边三角形通过底边上的高，可以分割成两个全等的含30°直角三角形。含30°的直角三角形通过斜边的中线，可以分割成一个等边三角形和一个等腰三角形。

分析：在小结的环节中，学生2的回答非常精彩；赵老师在这个过程中的追问也非常的适时，因此生成了精彩的片段。这个师生交流片段，不仅紧扣了主题，呼应了环节二的实践操作，更重要的是，真正体现了30°直角三角形的特殊性的本质，而且通过追问，搭设支架，使学生的思维达到了一定的高度。

用对话撬动学生思维方式的变革
第二小组观察员　蔡骁

通过图3-9发现，本节课学生的回答都集中在操作、说理、论证的解释性过程中进行，说明赵老师在这节课的问题设置，能使学生利用原有知识对当前问题进行分析、思考和想象。它可以很好地训练学生的思维品质,提高学生的思维能力。

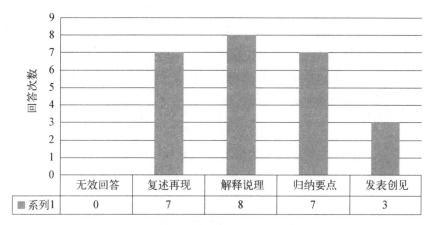

图 3－9　观察维度：学生课堂表现

　　精彩回答 1：在环节四证明交流中,一位学生直接做出直角三角形斜边中线进行证明,跟之前的证明方法完全不同。

　　师：怎么会想到这么证的?

　　生：之前折法活动中有很多方法都与斜边中线有关,所以我想直接作斜边中线试试看。

　　分析：这位同学的回答,说明他对之前折纸过程中的方法有自己的认知并且找到了共同的特点,或者对于含有 30°角的直角三角形边长之间关系有自己的认识,得到证明过程中最简洁的一种方法。

在交流中提升学生思维品质
第三小组观察员　熊瑶玮

　　行为二：在操作折纸环节中,小冯同学在听完老师要求后,就折出了斜边上的中垂线,能重叠成三个全等的有 30°直角三角形的那种,但她没有按老师要求的画出折痕,却又重新拿了一张纸片开始尝试。

　　观察员问小冯：第一种折法你能得到什么结论吗? 小冯答：没发现什么特殊的地方,所以再试一个。随后她在第二张纸片上折出了直角的角平分线,多出了一个底角为 30°的等腰三角形,找不到全等的图形了。这时老师让前后四人一组商量讨论一下,前排的男生拿着他的折纸详细解说了怎么折,可以得到哪些边相等、哪些角相等。听完,小冯同学重又拿出被自己舍弃的第一张纸片开始思考。当老师请同学进行展示交流时,她听得很认真,在几位同学上下场的间隙时间,小冯一直在翻动自己的折纸,仍在独立思考解决问题。

分析:对于折纸—观察—猜想这个课堂重点环节,小冯同学能够积极参与,虽然走了些弯路,但在伙伴的启发下,能反思自己的想法,做出改进,提高了思维品质。

学生课堂参与度与课堂后测

第四和第五小组观察员　俞佳帅

班级总人数 29 人,单独回答总人次 43 次,其中回答人数 14,占班级人数百分比为 48%;回答精彩人次 24,占回答人次百分比 56%;回答正确人次 19,占回答人次百分比 44%(见图 3 - 10)。

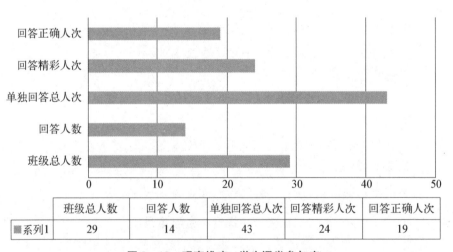

	班级总人数	回答人数	单独回答总人次	回答精彩人次	回答正确人次
系列1	29	14	43	24	19

图 3 - 10　观察维度: 学生课堂参与度

分析:这说明学生回答精彩人次占回答人次百分比较高,同时教师的提问设置得也较好。在回答问题的 14 位同学中,有 10 位同学回答过两次或两次以上,说明这几位同学在教师的引导下,学习积极性很强。同时,由于教师的追问,有 6 位同学接连回答了三四个问题。学生由回答不完全到回答正确,最后达到回答精彩,这个过程体现了教师引导性语言的有效性。但整节课由于教师都是引导学生主动发言,学生的覆盖面不是特别全面,有 15 位同学未发言,在引导鼓励学生积极参与到课堂方面还需关注。另外,在折纸环节,5 位同学主要是与教师进行对话,若能够引导生生对话,教学效果也许会更好。

后测题部分,27 人参加后测,一共设计了 3 题。题目 1 是考查学生对直角三角形性质定理(2)推论 1 的叙述,分值 10 分。即直角三角形 3 分,30 度角所对的边 3 分,等于斜边的一半 4 分。从答题情况来看,23 人得满分,3 人得 7 分,1 人得 0 分。说明绝大多数学生能很好地理解定理(见图 3-11)。

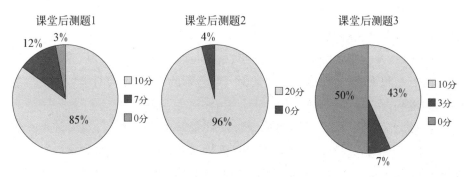

图 3-11　课堂后测题

题目 2 是考查学生对于推论的证明方法,分值 20 分,辅助线 5 分,证明过程 15 分。从答题情况看,26 人得满分,1 人 0 分。说明同学对于定理的证明掌握得非常好,教师的教学效果也很好。

题目 3 是考查学生对于定理推论的应用,分值 10 分,辅助线 3 分,计算过程 7 分。课堂教学中并未涉及定理应用的教学,但很多同学解决了此题或者具有正确的解题思路。

分析:由于教师课前认真设计了符合学生思维特征的关键问题及其追问,学生还是比较顺利地完成了本课的学习任务。在课堂教学中又注重了关键事件的把握,课堂节奏恰当,较好地完成了教学目标。

(五) 课堂观察助推教师更新理念与大幅提升教学能力

通过课堂观察思维培育的课题研究,我们发现课堂上发言的学生多了,学生参与科学研究的积极性更高了，他们能主动学习会选择有效的学习方法；遇到问题不回避而是想创造性地解决问题；能举一反三灵活地运用原有的知识解决新的问题；能大胆质疑别人甚至是教师的观点；自信、有创意地表达自己的观点。学校的拓展型课也开展得有声有色。

学校教师也在发生着巨大的变化，观察量表从最初的多而全到现在的更针对学生思维表现；观察报告从心中无底，到现在的沉着、自信，既有对课堂关键事件的关注，也有课堂数据的佐证；观察的重点不再只是教师，更多的是对学生的学习过程和思维表现的分析，更可贵的是，报告中有见地的建议和策略越来越多；以往听课关注的是面，现在课堂观察到点，"切口"的细小让教师看得更真、想得更深，建议也就越出彩。上课的教师在教学设计中更加注重对"课堂对话、关键问题及其追问的设计、学生课堂参与度"等关键教学行为课堂评价的预设，并积极在课堂实践中落实、反思与改进。不断提炼培养学生思维能力的方法和策略，实现从传统课堂中一般思维的培养，走向对学生高阶思维能力的建构。

我校与区域联合体学校、集群学校共同提炼的教学策略，对教师理念更新、教学能力提升起到巨大的促进作用，促进了学校教育质量的持续提升。学校编写了基于学生思维发展视角的《课堂观察实践指南》，并经过了一年的修订，在区域开展学习和推广。完成了数、英、理、化校本作业共 11 册，校本教材3 册。2015 年 12 月，数学教研组全区联合展示，学校课堂观察活动被专家评价为"高效率的课堂、高水平的评课、高质量的教研"。如今，学校不仅将课堂观察方法推广到所有教研组，还是联合集团学校开展更广泛的基于实证的课堂观察实践研究，期待探寻得更多的教育启示。

现在我们打造了课堂观察的电子平台量表，能够第一时间将观察数据、文字、图像和视频捕捉，并上传"云"平台，为课后评价提供全面的实证依据。平台的界面、操作性等正在不断完善，学科思维能力培育的特色化也将在实践中不断彰显。

基于学生思维发展视角的课堂观察是在专家引领下的创新型教研方式，它不仅利于学生的思维培养，而且有力地推进了创制课堂建设，还对教师的专业成长提供了极大的帮助。它好比一次旅行，我们已在路上，期待更多的学校、教师参与进来，一起为学生健康、智慧、快乐地成长而努力。

四、“L－O－V－E”课堂思维
培育的方法与策略

高阶思维教学研究中有真问题、有真思考、有好对策，它记录着教师们专业发展的足迹，是教师们教学研究生活中一个闪光点。我们可以真切地感受到学生思维培育策略的研究将激发学生思维火花，让我们一起用有效的方法与策略点亮思维培育的课堂。

（一）“36计”培育学生思维，创生智慧点亮课堂

上海市三门中学作为上海市新优质学校推进项目首批成员校之一，携手联合育鹰学校、上海理工大学附属初级中学，组成教科研联合体，通过课题研究在校学生高层次思维能力薄弱的共性教育瓶颈问题，积极践行杨浦区区域创智课堂建设。

几年来，教研联合体紧紧围绕“思维培育策略”展开“一日研修”活动，积极开展课堂观察，共同提炼了在初中课堂中促进学生思维发展的策略。教研联合体借用传统“36计”，将古老的策略体系与丰富的教学经验、现代教育课堂改革，进行了清晰、鲜活的对照和有机融合，由此推出“创智课堂36计”。现略举一二。

1. 釜底抽薪

（1）何谓“釜底抽薪”之计？所谓“釜底抽薪”之计，即指从根本上解决问题。

（2）如何运用“釜底抽薪”之计？在语文教学中，① 古诗文教学可“釜底抽薪”。以《破阵子·为陈同甫赋壮词以寄》为例，以4种手段辅助学生理解词作内容。一是“读”。二是“知人论世”，通过提出“可怜白发生”能否改成“誓死灭金兵”的问题，引导学生关注时代背景及辛弃疾的生平经历，来进一步理解词作内容。三是抓住统摄全篇的“壮”字，有助于对诗词内容的整体把握及局部理解。四是抓住“可怜白发生”这句话。这句话蕴含的情感最丰富，正是本词的“词眼”所在。

② 记叙文教学更可以“釜底抽薪”。读懂一篇记叙文，离不开“对文章标

题的分析、对故事情节的梳理、对人性形象的把握、对关键问题的推敲、对文章结尾的思考"5个环节。如分析《腊月,怀念一种花》应该让学生当家做主,自由发挥。学生从标题入手,继而依据得出的线索——窗花,理清文脉,找到围绕窗花所写的四件事,接着把握主要人物"父亲"的人物形象。教师还让学生思考:本文主旨,往往适用于哪些文章。把握记叙文的阅读路径;同时启发学生整理归纳的方法,亦是学习的路径。

2. 隔岸观火

(1) 何谓"隔岸观火"之计? 教学中的隔岸观火,其实是在创设一种情境,让学生在这个情境中主动去探究,主动去思考。

(2) 如何运用"隔岸观火"之计?

在语文教学中,让学生去思考,去质疑,去辩论,从而引出学生的真知灼见。在《爸爸的花儿落了》的教学中,设计了一场辩论"英子爸爸的教育方式是否可取",从而激起学生更多地去品读语言、品读文章、品读人物的热情。在《愚公移山》的教学中,设计了"愚公到底愚不愚"的辩论话题;在《背影》的教学中,设计了"朱自清是不是太懦弱"的辩论话题。

3. 声东击西

(1) 何谓"声东击西"之计? 从字面上来理解,是声称要攻打东面,其实是攻打西面。一个问题,问得过于老实,直来直去,启发性不强。问题多拐个弯,学生要动一下脑筋才能作答,因而较能活跃学生的思维。

(2) 如何运用"声东击西"之计? 对于信息科技学科的教学,教师分别制作了"牡丹花开"和"飞翔的纸飞机"两个动画特效的制作。所谓"旁观者清,当局者迷",学生在作品制作过程中,往往会忽视自己的问题,但对他人作品中的问题却看得真真切切。本作品赏析环节,正是利用上述特点,让学生指出作品的问题所在,进而深入到如何纠正和改进这些问题,从而使学生在自定义动画设置中常犯的问题在本环节中得到解决。通过这样一种方式,引导学生提出问题的改进方案和对应的修改方法,进一步完善和提升学生自定义动画的设置能力,有效地保障学生以后的作品创作的质量和效率。

4. 以静制动

(1) 何谓"以静制动"之计?"以静制动"指的是以冷静的态度对待纷乱的

局面。

（2）如何运用"以静制动"之计？比如，上海市中考数学第25题压轴题，通常是"几何中的函数题"，一般难度较大，需要通过研究图形之间的关系，建立函数解析式来表示，进而求解问题。解决此类问题，需要学生深入理解运动图形所在的条件与关系，然后化"动"为"静"，采用以静制动的策略，分析找出题中不变的关系，再联系所学知识及条件，解法自然生成。

5. 借题发挥

（1）何谓"借题发挥"之计？借题发挥，意思是借着某件事情为题目来做文章，以表达自己真正的意见或主张，或发表与之无关的议论。也指假借某事为由，做其他的事。

（2）如何运用"借题发挥"之计？在数学教学中，可以借题发挥，变式练习，强化学生的类比思想。

原题：正方形 $ABCD$ 中，点 P 是 BC 的中点，$PQ \perp AP$，交 $\angle DCB$ 的外角平分线于点 Q，试说明：$AP = PQ$。学生初始想法：构造与 Rt$\triangle ABP$ 全等的 $\triangle PGQ$，过 Q 点作射线 BC 的垂线交射线于 G。学生找到 $\angle B = \angle PGQ$（直角相等），$\angle BAP = \angle GPQ$（同角的余角相等）后，找不到边相等的条件。

于是，学生提出能否构造与 $\triangle PCQ$ 全等的三角形呢？经过一番探究后，得到了以下的解决方法。学生调整想法：构造与 $\triangle PCQ$ 全等的 $\triangle AEP$，作线段 AB 的中点 E，联结 PE。学生找到角 → $\angle EAP = \angle CPQ$；边 → $AE = PC$；角 → $\angle AEP = \angle PCQ$　$\triangle PCQ \cong \triangle AEP$（同角的余角相等）（边长的一半相等）（都是 $135°$ 角），顺利解决。之后又经过几次变式发挥，学生的思维得到了提升。

6. 以逸待劳

（1）何谓"以逸待劳"之计？以逸待劳是指在战争中做好充分准备，养精蓄锐，等疲乏的敌人来犯时给以迎头痛击。

（2）如何运用"以逸待劳"之计？在数学教学中，教学组织模式的创新，让指导和自主探究和谐。

在课前就对探究任务进行布置，组织学生先独立研究，再分组合作并把解决问题的方法拍成视频,变成课堂的教学资源。

学生利用闲暇时间,利用手机、iPAD 等信息化工具制作微视频,很有趣味,可以激发学生的积极性。再加上问题设置得具有开放性且有一定的难度,使每个小组都有发挥才能的空间,可以从不同的角度创造精彩。

7. 抛砖引玉

(1) 何谓"抛砖引玉"之计?"抛砖引玉",就是抛出砖头,引来玉石。发表粗浅的、不成熟的意见或者文艺作品,引出别人高明、完美的意见或作品,常被称为"抛砖引玉"。

(2) 如何运用"抛砖引玉"之计?问题链是复习教学的有效载体。

复习课是日常教学中常见的课型,化学复习课承载着"回顾与整理,沟通与生长"的独特功能,是整个教学活动中承前启后的重要一环。"抛砖引玉"巧用于课堂,更能激发学生的思维品质,使学生有效参与到学习中。问题的设计犹如"抛砖"环节,而学生的积极思维过程犹如"引玉"环节,只要"抛砖"得当,必能连连引来"美玉"。在课堂中以问题链为载体,进行适当演变、延伸和拓展,不仅能唤起学生对知识的回忆,还能将分散的、孤立的"知识碎片"重新编码、排序、存盘,形成一张结构化、系统化的知识网络,在真实的情境中实现知识迁移,在应用知识中感悟学科价值。

8. 反客为主

(1) 何谓"反客为主"之计?反客为主指的是依据兵法之道,主客之势常常发生变化,关键在于要变被动为主动,争取掌握主动权。

(2) 如何运用"反客为主"之计?在英语教学中,*Snow White and the Seven Dwarfs* 是《新世纪英语》七年级第一册第四单元第一课。教学内容是学习儿童故事《白雪公主和七个小矮人》。教师在课堂组织教学时,采用了以下循序渐进的方法:短篇对话—单词、词汇—模仿表演—句子—课文理解检查—模仿诵读—复述比赛。整个教学过程让学生"反客为主"。

9. 欲擒故纵

(1) 何谓"欲擒故纵"之计?追击时,跟踪敌人不要过于逼迫它,以消耗它的体力,瓦解它的斗志,待敌人士气沮丧、溃不成军,再捕捉它,就可以避免流血。

(2) 如何运用"欲擒故纵"之计?在物理教学中,为了能充分地了解学生心中的"迷思概念"，进而把"迷思概念"转化为"科学概念"，教师采用"欲擒故纵"之计。在学生认识并体验了浮力之后，教师并不引导学生猜想"浮力与排开液体的多少是否有关"，而是抛出问题"浮力的大小与哪些因素有关?"来直接引出学生心中的疑问。组织学生讨论、合作交流、互相辨析，不仅调动了学生的思维积极性，还能够使不同观点相互交锋，使大家的头脑经历一场"激辩"，借以重新构建认知结构。而后，教师利用初二所学的"排水法"测量物体体积的原理，把"物体浸入液体的体积"转化为"排开液体的体积"。最后，大家终于明白，原来物体受到的浮力是与排开的液体有关，通过测量，最终验证了"阿基米德原理"。

10. 顺手牵羊

（1）何谓"顺手牵羊"之计? 顺手牵羊是看准敌方在移动中出现的漏洞，抓住薄弱点，乘虚而入获取胜利的谋略。

（2）如何运用"顺手牵羊"之计? 以物理教学为例。在初二第一学期期末考试之前，有一次，上了有关摩擦力的复习课，教师正讲到影响滑动摩擦力的因素时，课堂上发出一声异样的怪响，然后是全班同学的哄笑声。当时教师很生气，却故作平静，随后因势利导，平静地说:"是哪位同学弄出的声响? 估计对'摩擦力'还不是很理解。下面我和大家一起来复习探究一下滑动摩擦力的大小与哪些因素有关，同时将声现象复习一下，课后再帮帮他。"同学们紧绷的神经一下子放松，轻松、愉快地投入实验。教师简单的"顺手牵羊"，让学生们更加深刻地感受到物理不是说教，它就在我们身边。

11. 激将法

（1）何谓"激将法"? 激将法，就是利用别人的自尊心和逆反心理积极的一面，以"刺激"的方式，激起不服输情绪，将其潜能发挥出来，从而得到不同寻常的说服效果。

（2）如何运用"激将法"之计? 最近几天的体育课上，教师发觉初一（1）班学生的上课情绪不高，决定对他们来个激将法。于是，教师宣布本课内容后，对学生们说:"同学们，老师听说你们班的长绳水平不错。上学期，你们还取得了校运会长绳比赛第二名的好成绩。可这几天，李老师却发现你们班的长绳水平不怎么样，连预备年级的水平都不如!"于是，教师成了众矢之的。同学为了证明自己班的实力，开始认真训练，最终取得了好成绩。

12. 偷梁换柱

（1）何谓"偷梁换柱"之计？偷梁换柱，指用偷换的办法，暗中改换事物的本质和内容，以达蒙混欺骗的目的。

（2）如何运用"偷梁换柱"之计？在书法教学中，可以利用"云课堂"软件技术的这根"梁"，大刀阔斧地来替换那些烦琐的"材料工具"柱子，来激发学生的兴趣。首先，调出"网络技术"代替书写预习，然后在课中学习调换兵力，"电子游戏"唱主角，最后，高效利用 iPAD 投票的功能，击溃学生不敢说的最后防线。

13. 连环计

（1）何谓"连环计"之计？"连环计"是一计累敌，一计攻敌，两计扣用。而关键在于使敌"自累"，从更高层次上去理解"使其自累"这几个字。用计重在有效果，一计不成，又出多计，在情况变化时，要相应再出计，这样才会使对方防不胜防。

（2）如何运用"连环计"之计？

① 情景与问题——抛砖引玉。激发兴趣是语文课程标准，是在听、说、读、写等语言技能教学的导入活动中，都强调的教学建议。在《秋天的怀念》的教学中导入环节设置，重点介绍作者的瘫痪、生病的经历和华语文学传媒大奖授奖词，其中可见对史铁生的大力赞誉。这些部分教师再加以补充介绍，凸显作者在文学上的成就之大。

② 整体感悟——引蛇出洞。学生融入情境之后，课堂提问应该难易适中。在《秋天的怀念》课堂教学的整体感悟环节，教师首先明确本文表现了深深的母爱，但要请同学们大致梳理一下：文中写了哪几件事情表现母亲对"我"的关爱？适时地引领学生走进阅读分析的第一步。

③ 细读品味——远交近攻。现代教育理念认为，教学从本质上说，是一种合作与引导的活动，是师生共同创造的过程。进入《秋天的怀念》细读品味环节，学生必须分析明确：围绕"看花"，母亲与儿子有什么表现。这些内容对接下来主旨的理解有举足轻重的作用。这就要求学生对文本的阅读更加细致，并能做出筛选、比较、概括，那么就需要更细致的问题引领。

④ 深入思考——水到渠成。课堂转入深层思考阶段和开阔延伸阶段。这是教学的重点与难点。这时，教师顺着前一环节的问题，又进一步深入提

问：为什么母亲多次提议看花？学生有的跃跃欲试，有的低头沉思。在同学不同的回答之后，课文主旨已经呼之欲出了，但还需要一点铺垫。最后，教师布置了一项课堂作业，也是一个延伸问题：结尾重复母亲"好好儿活"的话，有什么深意？于是，课堂又回到开头的问题：作者为何有这么大的成就？学生已经能很从容地回答出来了。至此，本课圆满完成。

（二）高阶思维教学的六大类关键技术

根据教育家布鲁姆的认知领域教育目标的分类，思维学习，从低到高分为六个层次：记忆、理解、应用、分析、评价和创新（见表3－12）。后面的3个层次就属于高阶思维。我国学者钟志贤在此认识的基础上，将高阶思维能力定义为："发生在较高认知水平上的心智活动或认知能力。"

表3－12 布鲁姆的认知目标分类与高阶思维的关系表

指标层级		定 义	行 为 特 征
高阶思维	评价	根据标准判定价值或用处	评价、估计、选择、评论、预测、鉴定、语言、重视、辨明、联系、比较、辩护、估计、证明、评定、支持
	分析	确定组成部分及关联程度	分析、计算、选择、对比、推断、实验、提问、区别、辨别、识别、评价、分类、比较、评论、检查、组织、测试
	创新	形成新的思想或作品	产生、假设、规划、设计、创作、制作

通常，课堂中学生表现出以下行为，可以说明学生具有了高阶思维：① 学生在用学科概念与他人讨论自己的观点，运用探询式的问题类型促进讨论深入，指出自己和他人的理解差异或错误。② 学生在解释、推测、描述模型。③ 学生对如下内容做出选择，即使用哪些程序、如何将已有知识与新问题结合、如何转化非常规的任务、如何监督和调整自己的问题解决策略。④ 学生表现出主动学习的行为和情绪等。

我们认为，高阶思维能力较强的学生，应该有这样的表现：能主动学习，选择有效的学习方法；遇到问题不是回避，而是想创造性地解决问题；能举一反三、灵活运用原有的知识，解决新的问题；能大胆质疑别人甚至是教师的观点；能自信、有创意地表达自己的观点；能在问题解决之后提出新的问题；能对自己的得失及时反思不断调整。这类学生应该是自信、严谨、有想法的。

　　基于"思维培育策略"要素的角度,我们在实践研究中,总结出了培养学生高阶思维、开展高阶思维教学的六大类关键技术。

　　1. 关键技术类别一:化隐形为显性

　　迈克尔·波拉尼将知识分为隐性知识和显性知识。通常以书面文字、图表和数学公式加以表述的知识,称为显性知识;在行动中蕴含的未被表述的知识,称为隐性知识。隐性知识是高度个人化的知识,具有难以规范化的特点,因此不易传递给他人;它深深地植根于行为本身。隐性知识包括个体的思维模式、信仰观点和心智模式等。在隐性知识的认识基础上,教师们通过思维导图、知识图谱、可视化学习、技术融入、要点笔记、媒体介入等教学技术,将内在的逻辑显示出来,尽可能让思维过程看得见,以实现隐性知识的传递。

　　(1) 思维导图:让内在逻辑显示出来。思维导图是表达发散性思维的有效图形思维工具。将它应用到学科学习中,可以清晰、准确地表现学科知识链,有效辅助教学,提升各科教学质量。思维导图可以运用左右脑的能力,在提升创造力的同时,整理自己的思绪。爱因斯坦也爱用这个方法去"创造想象游戏",寻找创意。

　　(2) 知识图谱:呈现知识的完整脉络。知识图谱运用在英语写作中,解决了写作前的素材选择困难、提纲整理的困境,以及写作过程中的细化难点。知识图谱在写作指导过程中,最大帮助便是帮助学生完成逻辑的整理,让写作难度在细化过程中逐步降低,让写作有迹可循。

　　(3) 可视化学习:让思维过程看得见。AlphaGo 程序中仿人类思维方式的深度神经网络,是利用可视化工具帮助程序处理复杂逻辑运算,便于它进行自我学习。随着 AlphaGo 学习机理进一步显现,人们逐渐思考在数学教学中采用可视化技术。实现"思维可视化"的技术有流程图、思维可视化表格等。通过这些,可以帮助学生形成各级知识体系。

　　(4) 技术融入:把思维路径快速呈现。教师利用"云"技术辅助教学,有意图地设计练习或活动,将学生的思维路径呈现,寻找思维转折点,从而实现高阶思维训练。"云"教育是指基于云计算商业模式应用的教育平台服务。初中阶段的数学课程对学生的思维能力要求明显提高,"云"教育技术的使用,实现了学生"要我学"向"我要学"的转变,实现了学生数学思维的发展。

　　(5) 要点笔记:把关键要点提取出来。"边听边记笔记,捕捉关键信息"是提高学生英语听力能力的有效策略。这里提到的"记",指的是落实到笔头的记录。

(6)媒体介入:让归纳变得轻松自如。运用 iPAD 进行教学最关键的优点是独立性强。学生可以选择感兴趣的内容独立学习,再小组讨论、分享。这有利于调动学生在课堂上的积极性,培养学生独立思考的能力。

2.关键技术类别二:变抽象为具象

形象思维所反映的对象是事物的形象,思维形式是意象、直感、想象等形象性的观念,其表达的工具和手段是能为感官所感知的图形、图像、图式和形象性的符号。形象思维具有生动性、直观性和整体性的优点。初中学生的抽象思维能力较弱,抽象思维凭借科学的抽象概念,对事物的本质和客观世界发展的深远过程进行反映,使人们通过认识活动,获得远远超出靠感觉器官所能直接感知的知识。为了更好地培养学生的抽象思维能力,教师通过情境创设、图像教学、图像绘制、图示解读、实验教学、装置设计等教学技术,变抽象为具象,让规律浮出水面,让分析更直观。

(1)情境创设:让课堂生成创意。创设教学情境是模拟生活,使课堂教学更接近生活,让学生加强感知,突出体验。在课堂教学中,创设问题的深度要稍高于学习者原有的知识与经验水平,具有一定的思维容量和思维强度,强调需要学生经过努力思考,通过"同化"和"顺应"才能解决问题。

(2)图像教学:让规律浮出水面。物理图像能直观反映和描述物理状态、物理过程和物理规律,同时具有信息容量大的特点。图像的学习常成为学生学习的难点。为了克服这一难点,使学生具有较强的看图、用图及画图能力,让学生用图像表达自己的认知和思维过程很重要。

(3)图示解读:让分析更直观。采用图示法,可以使学生从复杂的内容和多种材料中,把化学知识理出头绪来。图示思维是运用一系列图示技术工具,把不可视的思维呈现出来的过程。在化学教学实践中,恰当运用图示思维,可以发展学生化学学科思维、深化学科理解能力。

(4)图像绘制:在识别中推断。函数图像教学,是以研究变量之间变化规律为目的而展开的教学,是学生经历列表、描点、连线的制图过程,通过观察图像、分析图像来理解变量之间的变化规律。在函数图像教学时,应重视知识的形成过程,让学生亲身经历将实际问题抽象成数学模型,并进行解释及应用的过程,进而使学生获得对数学理解的同时,提升学生分析、批判、归纳等高阶思维。

(5)实验教学:经历知识产生的过程。实验教学在各类学科教学中广泛应用。具体到物理学科来说,要让学生经历物理知识的形成过程,感受、认识和运用物理学的基本思想和基本方法。其中,实验是重要手段。实验教学有助于学生经历整个知识产生的过程,更好地理解物理规律,形成系统的知识体系。

(6)装置设计:学会系统思维。实验设计是指根据教学目标、有目的地进行自行设计的实验。化学实验装置设计的能力提高和自主设计实验,以及在课堂教学中的广泛运用,引导学生探讨问题,使学生能逐步形成善于思考和敢于创新的科学品质。

3. 关键技术类别三:从表面到深度

不少学生容易关注事物的外在现象,不太会透过现象看本质,往往会就事论事、就题论题,看不到事物和题目后面的方法和规律。因此要注重引导学生进行深度学习。知识教学的本质是引导学生获得知识所内隐的逻辑、思想、方法和意义。最有价值的知识是知识所隐含的学科逻辑、学科思想和学科方法。教师们要努力引导学生突破,通过追问设计、问题变式、巧用问题链、对比观察、"盘剥"学习和方法提炼,引导学生关注题目后面的东西,努力实现从浅层学习到深度应用。

(1)追问设计:由表及里的追溯根源。问题是思维的起点,是数学的"心脏"。教师要以问题为主线引领学生探究,启迪学生思维,引导学生真正领悟数学的思想和方法,提高数学核心素养。

(2)链式问题:究根揭底直抵核心。阅读中的链式问题,就是根据阅读教学目标和教学内容,结合学生已有的知识或经验,将教材知识转变成具有一定系统性、层次性、相对独立又相互关联的系列问题。问题链旨在引导学生顺着作者的思路,一步一步层层深入地去思考,使学生对所授内容的理解更加全面、透彻。链式问题是一种必不可少的教学策略。在阅读教学中,教师只有设置有效的问题,才能引导学生深入解读文本,实践阅读技巧,形成阅读技能,启发深层思维。

(3)问题变式:让思维拐个弯。所谓问题变式,就是指教师有目的、有计划地对命题进行合理的转化。变式应保留好对象中的本质因素,从而使学生掌握数学对象的本质属性,同时对发展学生的归纳能力有重大意义。利用问题变式教学,可以让学生更完整、更全面地理解新概念、方法、思想。

（4）对比观察:从浅层学习到深度应用。对比观察法是把几个事物,或同一事物的几个不同时期加以比较。它可以分为横向对比观察法和纵向对比观察法。在教学中,通过运用对比观察,可以进一步探索学习,使教师的教与学生的学都由浅层学习引向深入应用。

（5）"盘剥"学习:直击内心世界的学习。推理,是基于已知得出关于未知的陈述。阅读推理能力是基于已有的知识,得出对于阅读文本的理解。"盘剥"学习是基于阅读文本的一次次推理,从而达到读者与作者内心世界的理解和交流。

（6）方法提炼:关注题目后面的东西。独立思考、自主探索、大胆质疑、动手实践和合作交流,都是学习数学的重要方式。因此要设法让学生积极参与课堂教学活动,让学生主动探索知识的发生、发展过程,引导学生关注题目后面的东西,关注题目背后的思想方法,这样才能"解一题、得一法、明一类",提高学生的判断、概括等能力,这样才有可能真正落实关注学生思维发展。

4. 关键技术类别四:集碎片成结构

Knowledge 可以分成"know"和"ledge"两部分,前者的意思是"知道",后者的隐喻意就是"隐藏的、结构性的"。因此,不是结构性的,是不会成为真正的知识。世间的信息其实可以分成两类:一类是"碎片化的",虽然众多,但是给我们的感受就是"过眼云烟";另一类是"结构性的",与你已知的某个信息存在相同或者相类似的关系,或者你知道这个信息,是从某个你已知的信息里"长"(可以按照一定的规律和规则推演)出来的。后者才是对学生真正发生作用的知识,它可以强化或者改变学生对于生活的态度和行为。

（1）框架式学习:把握整体的学习方式。框架式教学在初级阶段讲求快而不难,主要是进行基础知识的达标教学。然后,通过不同侧面、不同角度、不同层次、不同情境中的反复多样的思维和操作,促进知识不断丰富化和纵向联系的深化,促进知识的整体生长。一些语文文本特别适合框架式教学,有助于进行逻辑思维的训练。

（2）模型建构:让推断有依有据。"证据推理与模型认知"是化学的核心素养之一。通过构建化学模型,将微观的世界宏观化、使复杂的过程清晰化,可以帮助学生更好地探寻推断的依据。

（3）支架式学习：在逻辑与细节之间。支架式学习，引申到教学中则指教学方式，为学生搭建一个发展平台，一步步为学生搭建学习框架，让学生在一定的指导下，逐渐自主完成学习任务。如在初中英语写作教学中，教师应以学生原有的知识水平为依据，深入分析学生的学习水平和需求，帮助学生搭建写作所需要的语言支架、思维支架、文体结构支架等。在支架式教学中，教师扮演着指引的作用，帮助学生真正掌握学习的知识与内化技能。

（4）搭设台阶：让思维拾级而上。教师在教学中进行学习台阶的搭设，以培养学生解决数学问题的能力为目标，在遵循学生认知规律的原则上，结合学生的知识基础，从知识结构、数学思想、数学方法3个方面架设桥梁，化难为易，逐步提升学生的思维，培养学生的数学素养。

（5）问题分解：让分析更透彻。问题分解包括3个方面的考量：要素分析、关系分析和组织原理的分析。三类分析逐层深入，对问题的分解和解答就更清晰和准确。

（6）由点串线：彰显思维主线。追问即围绕关键问题，生成设计若干有逻辑关联、有层次梯度的子问题，组成系列问题。通过螺旋上升式的系列问题，来挖掘、展示知识发生、发展以及问题解决的背后所蕴含的思维价值，引导学生领悟其中的思想与方法，梳理其中的思维主线。追问设计的原则有针对性、过程性和逻辑性。

5. 关键技术类别五：从静态到动态

我们通常把一维逻辑思维活动称为静态逻辑思维；把多维逻辑思维活动称为动态逻辑思维。静态逻辑多为单向的、封闭的思维，而动态逻辑呈现开放的、发散的。另一种理解是，在问题动态的变化过程中，发现内在的不变的数量关系，即"动中取静"；也可以将一个静态的问题动起来，针对不同的情况用类比的方法去解决，即"由静变动"。于是，教师们通过问题开发、一题多解、一题多变等策略，让学生感悟转化、类比等思维方法，在静态和动态之间从容变换。

（1）任务驱动：使僵化的思维活起来。新型学习和教学要求通过高水平思维活动来学习。设计有挑战性的教学任务，学生要不断激活原有的知识经验，同时又要对当前的任务做出分析和概括、综合和检验，使学生的思维处于高水平活动中,从而促进学生高阶思维。

(2)活动设计:激发创作灵感的秘密。美术课的教学活动就是对学生进行美的教育,陶冶美的情操,激发追求美的欲望,促进他们创造美的能力的发展,从而提高儿童的美育素质。我们应鼓励学生自由发散思维,进行创造性想象。

(3)实验设计:从操作者到规划者。在物理实验教学中,通过创设实验问题情景,让学生通过探究活动学习科学方法,发展科学探究所需要的能力和增进对科学探究的理解。教师特别要树立开放的课堂意识,使实验方案多样化,让学生多角度、多侧面、多层次地思考问题,有助于充分调动学生的潜在能力。

(4)问题开放:打开思维空间。语文课程标准明确了教师在备课时要全盘思索,从多层面、多角度预设课堂提问。这不仅可以开拓学生的思维空间,还可以彰显学生个性,从而达到培养学生语文能力的目的。初中生正处于抽象思维的开发阶段,很容易陷入自我为中心的不成熟漩涡,亟须高阶思维式问题的引领,因此,语文课堂问题的预设、生成与衍生,应成为学生高级阅读能力发展的重要途径。

(5)概念教学:构建知识的内在联系。概念是学生数学学习的本质。优秀的数学概念学习,让学生的概念性知识以及程序性知识联系得更加紧密。学生认知结构越是完善,习得概念的效果就越好。在教学中,教师可以构建多重表征,帮助学生理解概念。

(6)一题多解:让思维发散开来。一题多解,培养学生发散思维的出发点有:第一,从单个知识点出发,启发和诱导学生渐渐感受发散思维。第二,采用连续设问与追问,培养思维的连贯发散。第三,灵活多变,渐渐改掉思维定式的习惯。第四,大胆创新,培养思维的独创性。第五,理论联系实际,数学来源于生活,服务于生活。

(7)一题多变:在变化中识别。一题多变是提高思维、培养能力行之有效的方法,是对不同知识点间建立联系。拓展思维,提高学习兴趣,都是非常有效的途径。

6. 关键技术类别六：从求同到存异

求同存异是寻求对客观事物认识的共同点,承认、保留对客观事物具有不同认识的思想方法。创新的思想源泉是求异思维,而求异思维的内核是:"敏于生疑,敢于存疑,勇于质疑。"求异思维自觉打破已有的思维定式、思维习惯或以往的思维成果,突破经验思维束缚的思维方法,是有创见的思维形式。合作学习、课堂留白、设障质疑,都成了教师们常用的策略,让学生在评价中思辨,在思辨中提升思维品质。

(1)类比学习:在形异中寻找质同。通过类比可以激发学生兴趣,让学生去主动地探索、研究新知识。如初中数学知识点连接比较紧密,教师可以引导学生在旧知识的基础上,进行类比学习,进而达到化难为易、事半功倍的效果。

(2)合作学习:在比较中择优。合作学习方式能有效促进学生在比较中发现、在比较中改进,完善自身学习问题,也能在共同合作的过程中实现共同进步的理想效果。因此,教师须积极向学生灌输合作学习的理念,促进初中学生形成良好的科学观,从意识层面促进学生思维能力的整体发展。

(3)另辟蹊径:在评价中思辨。在英语教学中,教师另辟蹊径,在文章教学中,增加另一个符合逻辑的切入文章脉络的角度,可以逐步培养学生思辨能力。

(4)质疑学习:激发批判性思维。化学实验能生动、直观地展示化学现象,以特殊的魅力引起学生的好奇心和求知欲。在化学实验教学中,创设问题情境,能激发学生批判性思维的发展,培养学生创新性思维。

(5)"留白"性学习:留下无穷的想象空间。"留白"是创作者在创作中,为了更充分地表现主旨而精心留出的"空白"。漆画课堂教学中的"留白",则是教育的最新境界,给学生营造一个自主创新的空间,让学生的创新思维得以充分发挥。所以艺术的教育应该如作画一样,要懂得"留白",通过课堂实践与生活实际紧密相连,培养学生的创造性思维。

(6)冲突性学习:在思辨中明确问题属性。教师在课堂教学中,要重视从观察物理实验现象这个角度来创设情境,激发学生的兴趣和思维,为思维辩证能力的提升打下坚实的基础。初中物理课程以"现象"为主,内容与实际生活联系较为密切,需要学生多观察。因此,在学生激发问题意识的最佳阶段,教师应为学生创设提出问题的情境,启发学生主动提出相关问题。

(三)运用高阶思维,提升课堂教学效率

教师掌握学生的思维活动,遵循思维发展规律进行教学,学生将会对学习更积极、主动、深入,从而大大提升自身的学科核心素养,教学也会达到事半功

倍的效果,课堂教学效率大幅提高。这为课堂教学的改革发展提供了新的视角,贡献了新的力量。

1. 形象思维、联想思维和想象思维

(1) 形象思维。形象思维又称"直感思维",是人类最原始的本能思维,是凭借事物的具体形象和表象的联想进行的思维活动。形象思维是用形象反映客观世界的一种思维方式。它的思维内容是具体形象或图像;它以感受和体验为基础,是培养人、教育人的有力工具。形象思维是思维能力培养的核心,具体包括回想、联想、想象等能力。

以物理学科教学为例,创设实验的教学情境,培养学生的观察能力,积累直观感性经验。如采用"一次性纸杯"实验来辅助教学。让一位体重较大的同学试图"站在"一个纸杯上,纸杯自然被踩扁;但将若干纸杯平放在地面上,上面放置一个薄板,这位同学将对纸杯不造成任何损伤。教师通过如此的视觉冲击来引入"压强"概念。

在语文学科教学中,复述改写,再造形象。如让学生将《观沧海》某些段落改写成散文,美丽的图景以另一种文体再现,这对学生感受原文奇妙的比喻、瑰丽的想象非常有好处。

(2) 联想思维。联想是由眼前的一样事物想到与此相关的另一样事物。

以语文教学为例,通过重点词语展开联想。如在《狼牙山五壮士》一文中有:"他猛地举起一块磨盘大的石头,大声喊道:'同志们! 用石头砸!'顿时,石头像雹子一样,带着五位壮士的决心,带着中国人民的仇恨,向敌人头上砸去。山坡上传来一阵叽里呱啦的叫声,敌人纷纷滚落深谷。"通过"砸",学生们可以联想到砸窗户等,那应该是很有力道的。联系上下文,"叽里呱啦"的叫声,也很有力度,体现了狼牙山五壮士对于敌人的满腔仇恨。

(3) 想象思维。想象思维是人脑通过形象化的概括作用,对脑内已有的记忆表象进行加工、改造或重组的思维活动。想象思维具有形象性、概括性和超越性等特点。

以英语教学为例,想象作文,拓展词汇。例如,牛津英语上海版 *6BM3U8 The Typhoon* 这一单元,主要围绕"台风"这一主题展开:首先,通过"windy days"(起风的日子)引入"台风",随后通过一篇文章"*The Typhoon*"详细介绍台风天人们能看到什么现象,最后写作部分要求学生写一篇作文——台风来临时,我们应该怎么做？学生在讨论"windy days"时，教师可以引导学生思考除了"windy days"，还能想到哪些天气。教师可借此机会给学生拓展相关的新词汇。

2. 比较思维和类比思维

（1）比较思维。比较思维是通过寻找事物的共同点和不同点，主要和次要特征，寻找事物的异同及其本质与特性；进而把事物分门别类，揭示出事物之间的从属关系，使知识系统化。比较思维是一种判断性的思维活动，类比、对比等都是特色的比较。

以物理教学为例，进行相似实验比较，可以提高探究能力。如在学习"光的折射"这节课中，需要学生做探究光的折射规律的活动。教师可将之前学习光的反射时，学生实验活动图像给学生看，引导学生将探究光的折射规律的实验与探究光的反射定律的实验做比较，设计实验，进行探究，完成课程目标。

（2）类比思维。类比是进行合情推理的一种非常重要的思维方法。当两个对象系统中某些对象间的关系存在一致性，或者某些对象间存在同构关系，或者一对多的同态关系时，我们便可对这两个对象系统进行类比，从而可以从一个对象系统得到的某些结果，去猜测和发现另一系统的相应的新结果。

在数学教学中，可以运用类比思维探索解题思路。如在解题思路的教学上，通过与一元一次方程解法的类比，让学生猜测一元一次不等式的解法。类比不仅是一种从特殊到特殊的推理方法，还是一种探索解题思路、猜测问题答案或结论的有效方法。这对数学教学中，培养学生的创新能力和创造性思维能力，有着极其重要的作用。

3. 抽象思维和概括思维

（1）抽象思维。抽象思维指的是人们在认识活动中，运用判断、推理、演绎等思维形式，对客观现实进行间接的、概括的反映的过程。抽象思维不能走向极端，必须与具体思维相结合，由抽象上升到具体。

在数学教学中，倡导在质疑中培养学生的抽象思维。在学习新的概念、法则、定理和方法时，倡导学生尽可能多地问几个为什么，可以很好地启发学生的抽象思维。任何创造性思维活动都是从质疑和发现、提出新问题开始的。例如，教师在讲角的平分线的性质定理的逆命题是否为真命题的时候，可以先提问：角平分线的性质定理的逆命题是什么？然后针对学生的回答进行多次追问和质疑，能使学生很好地理解这个知识点，加深记忆。

（2）概括思维。概括思维是指摆脱具体内容，并且在各种对象、关系或运算的结构中，抽取出相似的、一般的和本质东西的思维过程。

在数学教学中，构建知识单元，可以培养概括能力。平日课堂上，教师经常碰到学生回答问题，不完整或者是不准确，这就体现了学生知识点的离散型和不稳定性。这时候需要教师"穷追不舍"地提问，同时调整问题，提高沟通的有效性。比如，六年级第六章《一次方程（组）和一次不等式（组）》中对于一元一次方程、二元一次方程、二元一次方程组的概念，起初教师从字面意义上和学生说一元一次方程的概念，之后让学生自己给出一些定义。

4. 批判思维

批判思维又称审辩性思维，是一种与创造性思维并举的思维策略与能力，主要指对知识、信念进行能动的、持续的、精准的反思和省察，为选择信什么（知识、信念）和做什么而进行的合理的、反思性的辩证思维。

批判思维是以逻辑方法作为基础，结合人们日常思维的实际和心理倾向发展出的一系列质疑性思维技巧。它要求我们对事物持有质疑态度，在批判自己想法的过程中运用逻辑推理的相关知识，客观地对事物进行分析、综合和评价，从而对事物有一个全面、客观的认识。

语文教学鼓励学生挑战名篇，提出质疑。语文教师应该引导学生"批判性"地学习传统经典名篇，从而使学生突破传统定论，有所创新。如在教学《愚公移山》时，有一学生质疑：本文的题目是"愚公移山"，和文章的结尾夸娥氏二子移山不符，如果没有神助，愚公的愿望不会实现。这是学生从另一个角度思考人与自然的关系，对于学生的辩证思维、批判思维的培养益处很大。

数学教学关注学生思维过程的合理性，如要做到"四多"——"多问原因""多找依据""多提观点"和"多求异同"。

5. 创新思维、逆向思维和发散思维

（1）创新思维。创新思维是发生在较高认知水平层次上的心智活动及较高层次的认知能力，也是处理较为复杂的任务或问题所需要具备的思维；创新思维是培养创新人才的关键，它以新颖独创的方法来解决问题。作为一种综合的智力品质，主要包括创新观察力、创新思维力和创新实践力，其中创新思维力是人类最高层次的思维方法，也是创新能力的核心。

少先队的活动，可以拓展活动空间，激发创新思维的灵感。根据少先队活动的成效显示,拓展活动空间是激发队员好奇心、求知欲和开展创新思维的有效方式之一。例如,七年级的队员围绕 3 月 12 日"植树节",开展了一次主题为"我把春天留心间"的"雏鹰假日小队"活动。大家自建小队,明确分工,相约走进社区、公园,通过各种形式记录自己的体验。

在化学教学中可以开展研究性学习。可以激发创新潜能。研究性学习是教师创设问题情境,学生采用自主钻研的形式,以实验、体验、实践等为手段的学习方式。这种学习方式可以使学生积极主动地建构化学知识网络,并在实践中亲身体验。

(2) 逆向思维。逆向思维也叫求异思维,是指通过相反的思考角度,以新颖独特的方式解决问题。所谓的逆向,可以是性质上的对立、位置上的互换、过程上的逆转等。

在学习物理概念和物理规律时,可以适时利用逆向思维,将条件和结论反转进行辨析,帮助学生深入理解概念和规律。例如:在学习"牛顿第一定律"的内容时,学习了物体在外力的作用下会改变运动状态。那么反过来,物体的运动状态发生了改变,是不是说明物体受了力?

在英语教学中,可以变答题者为讲题者,变答题者为出题者。

(3) 发散思维。又称辐射思维、放射思维,是指大脑在思维时呈现的一种扩散状态的思维模式。发散思维一般具有流畅性、变通性、独创性的特点。独创性是发散思维的最高目标。

在语文教学中,可以巧设问题情境,鼓励多角度思考。如沪教版七年级下册《敞开心之"声"——〈老北京的小胡同〉环境描写在作文中的应用》一课的备课过程中,教师发现,"叫卖声"的细节描写格外"出彩",仅仅抓住了这种极富京味的典型声音,便将北京胡同里的生活活灵活现地展现在读者面前。为此,教师引导学生运用发散思维思考归纳巧用"声音"进行描写的基本要点。最后,"解决问题"即"应用方法"环节,让学生根据思考的要点自行完成独立的语段创作,在组内交流后推选成员进行交流展示。同时,请别组成员从发散思维的运用能力上进行打分,分享学习感悟。

6. 辩证思维、逻辑思维和推理思维

(1) 辩证思维。辩证思维是反映和符合客观事物辩证发展过程及其规律性的思维。辩证思维的特点是从对象的内在矛盾的运动变化中,从其各个方面的相互联系中进行考察，以便从整体上、本质上完整地认识对象。

在科学课教学中，可以利用矛盾关系，激发学生的探究欲望。即利用教材中某些现象和事例的矛盾关系，设疑发问，唤起学生注意，并产生积极探究问题答案的心理。例如，在教新课“质量守恒定律”时，在给学生演示了两个常规的正确实验，得出正确结论之后，再演示一个错误实验，让学生产生质疑，通过分析讨论，从中找出“质量守恒定律”的关键字词，进一步加深学生对质量守恒定律的理解与应用。

（2）逻辑思维。逻辑思维是通过判断、推理去解答问题。逻辑思维先要对一个事物进行分析、判断，得出结论，再以此类推。这是人类客观、正确认识世界的一种重要思维方法。

在学习数学新定理时，可以设置合理的追问环节，环环相扣，引导学生边学边用。如在学习完平行线性质1后，教师可以启发学生，让学生自己运用简单推理，得出性质2和性质3。在其中可以适当进行一题多解，并选用不同的角度进行解题，最终帮助学生把定理融会贯通。

（3）推理思维。推理是对一个事物进行分析、判断和总结，从而解决问题的思维方法。

在物理教学中，教师要抓住学科的特点，利用提问和追问的形式，在课堂上鼓励学生根据条件和情景进行合理地推理，从而提高学生的推理能力，突破思维定式。如在“摩擦力”这课中，筷子提米实验是一个用来引出摩擦力知识的趣味实验。首先完成筷子提米的实验。然后分析实验成功的关键，即如何增大筷子和米粒间的摩擦力。接着引导学生思考实验器材并说明理由。课堂上经过思考讨论和师生互动，可以得出此实验的最佳方案。

在英语教学中，可以通过设计词汇融入阅读推理思维模式。一篇文章是由一个个的词汇组成，若是学生在词汇认知方面存在障碍，自然阅读效率比较低。最佳方法是以文章教学为前提，利用上下文语境掌握词汇含义。教师可以提前讲解部分陌生词汇，余下不到3%的词汇由学生联系上下文自行猜测，通过形象思维理解，可以更好地理解文章中的词汇。学生通过上下文的逻辑和分析推理出词汇含义，更有利于阅读思维培育。

7. 转化思维和微观思维

（1）转化思维。转化思维中包括抽象思维和形象思维。就抽象思维而言,思维过程主要是分析和综合的过程及其派生的抽象、概括、比较、分类、具体化和系统化等。就形象思维而言,思维过程主要是表象的运动过程,主要形式是联想、想象等。分析与综合、联想与想象是思维过程的不同阶段。

让学生意识到学习数学新知识的必要性,从情感上认同新知,才能使更多的同学愿意去应用新知。以直角三角形全等的判定为例。它实为边边角,但在直角三角形这一特殊三角形中,我们是可以通过几何演绎证明,说明边边角在直角三角形判定中是可以成立的。所以,这里就本身具有了一个转化思想的体现,并且解决了原来已经学过的 4 种三角形全等证明方法所不能够解决的新的问题。

(2) 微观思维。微观思维是涉及分子、原子等内部结构或机制,以及涉及部分或较小范围的思维方式。

在初中化学学习中,学生最常接触的符号是化学式、化学方程式以及微观示意图。但学生通常会淡化化学式以及方程式微观含义。教师在教学过程中要关注语言的准确性。比如在描述方程式系数含义的时候,多让学生从微观含义解释,解释过程中尽量配合图片。例如,举出甲烷燃烧的微观示意图。通过"符号"的表达形式,学生可以快速反馈出分子和原子的概念,将本来抽象、"隐形"的微粒,展示在学生眼前。

8. 综合思维

综合思维就是多种思维方式结合起来运用。很多问题光靠一种思维方式是不能解决的,必须有多种思维方式综合运用才能解答,其中迁移能力就是关键。综合思维时需要的迁移能力,简单地说,就是学生能应用现有的所学知识,包括方法的应用、知识的应用和学科间的综合。

以物理教学为例,打好基础是知识迁移的必要条件,培养能力是知识迁移的关键,认真指导是促进知识迁移的重要因素。

第四章 实践路径之:"一日研修"助力教师专业发展

自 2013 年开始,三门中学致力于以"一日研修"为抓手,关注学生思维发展,探索培养学生高阶思维的策略。借助教研联合体、集群和集团等团队力量,打造促进学生思维发展的有效课堂、生态课堂,努力提高学生的思维品质,为学生的终身发展服务。

"一日研修"是一种方式、一种流程,说到底是一种理念、一种文化。"一日研修"是精确的研修,有着高水平的研修标准和要求;"一日研修"是细致的研修,在研修的过程、措施与规范上下功夫。2013 年开始,三门中学在"向研修要质量、靠研修出效益、借研修创特色、凭研修出名师"的思想指导下,为了提高课堂教学的有效性,促进教研方式改进和团队专业水平提升,不断探索完善"一日研修"活动,这成为学校助推教师专业发展、破解学校思维培育难题的有力抓手,提高教育质量的关键。

一、从"两备"深入到"五备"谋质量

自 1997 年建校以来,三门中学始终坚持精细化管理模式,努力打造暖记忆校本课程,使学生健康、阳光发展,学校教育教学质量在区内多年名列前茅,受到了社会的一致好评。

2012 年,三门中学作为"上海市新优质项目学校"面临确定新的发展点。从前文提到的"2012 年三门中学学业质量绿色指标测试雷达图"(见图 1-1)可以看出,"高层次能力"(即高阶思维)与区平均水平持平,没有在自己应有的位置上,这也导致了其他 4 个压力指数均比较低。

在"绿色指标测试"情况反馈中发现,"高层次思维能力"是学校学生发展

的"短板"。结合学校的课程建设推进发现，学生思维能力的培养并没有落到实处，日久天长，就养成了思维的惰性和依赖性。在基础课堂中，学生有哪些思维发生与改进的表现？教师有哪些行为阻滞了学生思维的发展？如何有效培育学生的思维能力？

经过上下几轮的全校教师研讨，学校最终将"关注学生高阶思维能力培养促进终身发展"的实践研究项目，作为学校基础型课程建设新的发展点，旨在探索教与学方式的转变，打造促进学生思维发展的有效课堂，提高学校教育品质。

2013 年开始，为了提高课堂教学的有效性，促进教研方式改进和团队的专业发展，三门中学开展"一日研修"活动。在"向研修要质量，靠研修出效益，借研修创特色，凭研修出名师"的指导思想下，立足实际、研修并重，"一日研修"成了提高教育质量、解决各种教育教学难题的关键一着。

回顾八年来"一日研修"活动的艰辛探索过程，我们主要迈出了三大步：

第一步，探索了"一日研修""四课""四点"的研修模式。即学校以教研组为单位，在语文、数学、英语和理化等学科，围绕"四课"，针对教学过程中的"兴趣点、分层点、互动点、创新点""四点"开展一日主题研修，引导教师探寻培育学生思维能力的方法和策略，打造创智课堂。

渗透课堂理念文化——打造"L－O－V－E"课堂，追求学生"深度学习"。把握好促进思维发展的 4 个点。追求以教材为中心、以课堂为中心的观念，追求学生深度学习的课堂，一个真正属于学生的学堂。

第二步，探索了同一学科教师"同课同构"的"一日研修"方法。即同一个备课组内的不同教师在集体备课的基础上，对同一教学内容采用相同的教案、相同或相似的课件进行执教。课堂观察者对教师关注学生思维培育的不同问题设计、互动方式、激励手段及学生课堂表现等情况，进行观察记录，并采用"开课观察—评价调整—再开课再观察—再评议再修改"的形式，根据观察进行梳理和比较分析，总结得出课堂思维培育的有效策略。

第三步，探索了"五备"研究过程。"一日研修"主题的确定，是依据对学生思维现状的调研结果，提炼出培育学生思维能力的关键词，并进行概念解析和案例佐证。

研修从"两备"开始，即"备教材、备课件"，同一备课组教师集体研讨，确定教学内容,并制作好课件。重点考虑教什么?怎么教?3位数学教师根据本班学生实际略做微调的教案和课件,却上出了差异较大的教学效果,给大家冲击最大的是:学生的基础差不多,为什么课堂容量差这么多?大家研讨下来,发现不同的课堂组织形式对课堂效率影响较大,A老师整节课基本都是单一的"一对一"启发式问答,容量较小,学生参与度不高。B老师题目扔下去小组解决,不同的解法充分交流、反思,学生参与度高,课堂活跃容量反而大;继而提出突出"备课堂组织形式",每道题下去是"单兵作战"还是"同桌互助"抑或是"小组讨论";依据学生实际事先做好设计,开始关注教学主体——学生。但即使有了"三备",大家发现,还是有问题。两位老师的研修课,A老师课堂节奏感好,整节课流畅有效,学生学习效益较高;B老师在新课引入时的核心问题学生听不懂,学生一直在猜教师要什么答案,教师又没有及时跟进说明,兜兜转转近10分钟,导致教学任务没完成。大家觉得这个核心问题很关键,但没有设计好,大家一致认为对课堂关键问题的设计尤为重要,不同的关键问题设计对学生思维的促进程度有明显的差异。

于是再继续追下去要求第四备——"备关键问题"。通过学习,大家发现每节课都有3个左右的关键事件,每个关键事件可以用关键问题为引领展开学习,开始考虑学生怎么学?但实践中却发现即使做到"四备",学生的思维表现又因教师追问、反问的不同产生了较大的区别,有的教师教学机敏性强,根据学生的回答能及时调整,进行适切的追问,但不少教师课堂当堂反应不到位。

我们又将教师提问维度深入到追问,对关键问题在充分预设的情况下设计追问,追问以展示学生的思维路径为目的。光有问题,有时不能聚焦学生思维,追问要逻辑严谨、思路清晰、主线明确,将学生的学习引向深度。

就这样经过3年左右的探索,课例研修从"两备"到"五备",也是教师改变的过程:从"关注教学内容"变成关注"学生的学习",由"教师主体"转为"学生主体",由宏观上的"理念方向"变成"具体操作",把学生引向纵深。

如今,"一日研修"主题活动不仅成为学校所有教研组的常态研修模式,还是学校牵头的教研联合体、新优质集群和三门中学教育集团开展教学研究、提升教师教学改革与创新意识、促进教师课堂教学行为转变的重要路径。

在教研联合体,我们组织教师撰写培育学生思维能力的策略案例汇编,形成

《创智课堂思维培育 36 计》一书;我们组织集群教师撰写学生思维调研学科报告和集群总报告,汇总为集群学生思维调研报告册;我们组织教研联合体教师、集群和集团教师进行了思维培育关键词的解析和思维培育策略的案例撰写。

"一日研修"以主题明确、内容扎实、评价即时和效果显著等特点,给学科教师带来了强烈的思想冲击,切实提高了教师围绕主题设计教学、观课、评课和反思的能力,提升了教师们课堂教学中思维培育的含量。

二、实施"三研修与两观察"出效益

(一)"一日研修"的学科准备

1. 主题的确立

每学期学校组织教研组开展"一日研修",首先围绕"四课"和"四点"中的"一课一点"确立主题。"一日研修"主题中关键词是依据学生思维现状调研提炼出来的。

2."关键问题及其追问"的设计

梳理每节课的关键事件,每个关键事件以一个关键问题为引领,围绕关键问题设计若干有逻辑关联、有层次梯度的追问,组成问题链,通过螺旋上升式的问题链,挖掘、展示知识发生、发展以及问题解决背后蕴含的思维价值,引发学生领悟其中的思想与方法。引导学生在具有一定结构的问题链中思考,让问题链成为思维发展的台阶,学生的思维能力得到螺旋式上升。

(二)"一日研修"的循症准备:课堂观察系统建设

为了提高教师研究的实证水平和加强循证改进能力,学校采用了"课堂观察"的技术应用,并提炼出 20 个视角、58 个观察点。但是每个观察点都在变化,这会给课堂观察和记录带来了极大的挑战。为此,学校开发了聚焦思维培育视角的观察量表。在课堂观察过程中,除了学科承担教学展示任务的教师外,其他教师都将作为课堂观察小组的成员,从"教师提问""课堂学生表现""学生个体表现""班级整体情况统计"和"课堂后测"5 个维度进行观课评课。

例如,在语文学科《藕与莼菜》第一次课中,教师们通过课堂观察发现在"课堂学生表现"版块中,学生整体的精彩回答次数是 3 次,错误回答有 7 次,主动举手回答 12 次,回答总次数 23 次。而在调整了教学设计的第二次课中,学生整体的精彩回答次数是 8 次,错误回答有 12 次,主动举手回答 22 次,回答总次数 36 次。课堂观察将学生的表现情况数据化,直接反映出学生在第二次课中精彩回答和课堂互动度都有所提升,说明教学设计的改变打开了学生的思维,学生愿意主动参与课堂。

(三)"一日研修"的实施运行:"三研修"与"两观察"

"三研修""两观察"是指在"一日研修"的过程中,第一阶段:开课—观察—评价—整改。第二阶段:再开课—再观察—再评议—再整改。第三阶段:"一日研修"总结与反思。即由备课组一位教师先开课,课堂观察小组进行课堂观察,课后进行评价,评价意见由第二节课上课教师吸收采纳进行整改。之后第二位教师再上课,观察小组再观察、再评议,上课教师再整改。最后由上课教师和观察小组成员共同进行反思和总结。

以语文学科《藕与莼菜》一课为例。在预习时,不少学生的思维仅停留在作者对藕与莼菜的喜爱、对故乡的怀念上。怎么用关键问题去拓宽思维的深度呢?

第一次研修教研组集体备课《藕与莼菜》,通过研讨设计本节课分为 4 个关键事件,每个关键事件对应一个关键问题。① 对比藕的不同。两地的藕各有什么特点? ② 对比人的不同。叶圣陶笔下 20 世纪初故乡和上海的藕截然不同,但为什么都用"珍品"来形容? ③ 关注民风的不同。为什么两地的人对藕的态度不同? ④ 关注生活方式的不同。不同的民风、人际关系反映了两地各是怎样的生活? 然后开始第一次上课,同时进行课堂观察。

第一次课后的第二次研修中,大家发现学生精彩回答个数少,教师分层关注不够。通过和专家、教师的研讨发现,关键问题确实纵深了学生的思维,调动了思考的积极性,但课堂上没有给足时间和问题来引导学生充分展示"发生在脑海里的由因及果的判断推理过程"。另外,教师的问题要有由易到难的螺旋上升,以适应不同水平的学生。

重新修改,在设计关键问题的基础上增加解剖思维的及时追问:当学生的回答模糊、有知识性错误或逻辑问题时,要多问"你是怎么想的?""为什么这样想?"等,从而帮助学生梳理思考问题的过程;引导学生对文本的分析、体会落实在具体的字词句中,落实在感悟语言的形式与内涵中。接着,开始第二次上课,同时进行课堂观察。课后第三次研修,分析两次上课的效果,通过对比前后教师、学生的表现,总结经验,形成案例。

(四)"一日研修"的成果积淀:"课例"的撰写

教师们"三研修""两观察"的过程,充分发挥了教研组团队的力量,以实践为前提,以观察为基础,以分析促深化,形成对于教学问题的深入认识,提炼促进效果提升的操作路径,积累了提高教学质量的典型案例。

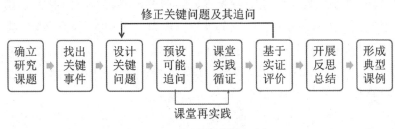

图 4 - 1　撰写"课例"的过程

在实践中,我们形成了《学生思维现状调研报告》《基于思维培育的课堂观察指南》和《高层次思维培育的关键技术》等成果,连续三年"一日研修"研究成果荣获区评选一等奖。学校数学、英语和教师等教研组分别进行了市级展示活动;3 年里联校展示活动 20 多次;学校参与市区展示活动发言或媒体报道10 多次。

通过"一日研修",教师对学生思维培育的意识和能力得到了提高。教师们注重对学生思维支架的搭建,用精心设计的课堂关键事件启发学生的思维。课堂上发言的学生多了,学生参与科学研究的积极性更高了。通过绿色指标对比,在校学生学业成绩达成指数(最高为 9)从原来的平均 7.6 提升到 8.3;学业成绩个体间均衡指数从平均 6.3 提升到 7.3;高层次思维能力指数从平均 4.6提升到 6.3;自信心指数从平均 5.6 提升到 6.7。学校借助教育集团、新优质集群、教研联合体和强校工程等项目,形成了"大兵团""共同体"协同攻关的行动范式。学校 2018 年成为上海市强校工程初中实验校之一,2019 年荣获上海市"五一劳动奖章"。学校"一日研修"主题活动被专家评价为:"高效率的课堂、高水平的评课与高质量的教研。"

三、跨校联合教研中优势共享创特色

三门中学积极构建"学校牵头引领＋他校共同参与"的教研联合体联合链。通过校际开放校园、课堂和教研活动,发挥教研联合体之间"优势互补、资源共享、联合攻关、携手共进"的效能,提炼实践经验,共享研究成果。

(一)关注思维培养,跨校教研联合体应时而生

2012 年《上海市中小学学业质量绿色指标(试行)》综合评价结果表明,学生高层次思维能力薄弱是初中教育面临的瓶颈问题。面对这一共性问题,基层个别学校虽也有一些探索,但取得的实效不够,且难以形成普适性的经验推广开来。2013 年 9 月,三所有志于探索解决这一问题的学校自愿结对,由三门中学携手育鹰学校、上海理工大学附属初级中学,组成了"新绿创梦"数理化教研联合体,共同直面在校学生高层次思维能力薄弱的这个"短板",跨校联合开展"关注学生思维培养,促进终身发展"的行动实践。

这是一次基于问题解决、探寻学生思维培育有效策略和教研联合合作机制的行动实践研究,也是一次凝聚三所联合体学校教师之力的攻坚战。项目的启动源于下列三个"需要"。

1. 学校内涵发展的需要

教师课程执行力的强弱决定着学校是否能够规范化、高质量、有特色地持续发展。提升教师解决日常教学中遇到的问题的能力,是学校内涵发展过程中的必然要求。

2. 教师专业发展的需要

教师专业素养的高低直接决定了学校的教育质量。"萝卜炒萝卜"的校内自培无法满足教师成长的需要。借助外力,尤其是同层次的校级联合体的力量,使教师在更大的团队中突破自我发展局限,激发内驱力,促进专业发展必然成为提高教师专业能力和水平的有效推手。

3. 学生终身发展的需要

思维决定一个人的发展。良好的思维品质和科学的思维方式对将来解决人生中的诸多问题有益,对终身发展有益。这是学校以生为本的办学思想的

必然抉择。

因此,我们整合联合体学校优质资源、共享教师智慧、围绕学生思维培育策略,开展跨校联合攻关的行动实践,探索联合教研的研修模式、路径方法、评价策略、运行机制,努力使我们的课堂发生改变,在学业质量进一步突破,成为百姓满意的家门口的好学校。

(二) 明确目标,进行顶层设计

基于上述 3 个"需要",我们围绕学生思维培育、展开项目实践,提升教研联合体合作攻关的能力。针对联合体学校的实际情况,项目组研制了《三门中学数理化教研联合体"关注学生思维发展"的跨校联合教研四年行动方案》,明确了行动实践的背景,研究目标、内容、方法策略、团队,联合研修管理等。具体如图 4‑2 所示。

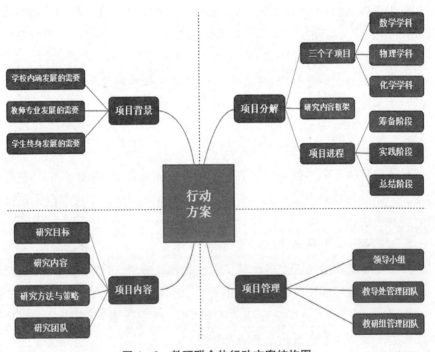

图 4‑2 教研联合体行动方案结构图

1. 明确研究目标与内容

我国古代学者就提倡"学以思为贵""学而不思则罔,思而不学则殆",可见,思维能力的培养在学习中的重要性。在提倡素质教育的今天,学校和教师不仅是知识的传播者,还应该是学生潜能和聪明才智的培育者。教师注重学生思维培育,学生思维能力的发展就有了保证,对事物认识的能力就会增强,自制能力、自学能力和自立能力都会提高,对学生的终身发展会起到良好的促进作用。

教研联合体行动方案确定了如图4-3所示的研究目标与研究内容。

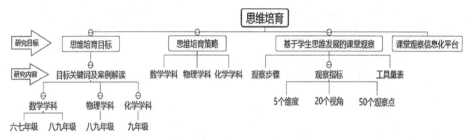

图4-3 研究目标与内容框架

(1)研究目标。① 明确数学、物理、化学学科的思维培育目标关键词;② 探寻初中数学、物理、化学课堂教学中学生思维培育的有效策略;③ 形成基于学生思维发展的课堂观察模式;④ 构建基于学生思维发展的课堂观察信息化电子平台。

(2)研究内容。由三门中学牵头数学、育鹰学校牵头物理、上海理工大学附属初级中学牵头化学,以思维培育目标、思维培育策略、关注学生思维发展的课堂观察模式和项目管理4方面内容为突破口,形成了3个子项目。

首先,关注思维培育目标关键词以及案例解读;其次,着眼于初中数学、物理、化学课堂教学中思维培育策略;再次,关注学生思维发展的课堂观察指标及观察工具,以及课堂观察的具体操作步骤;最后,关注项目推进的联合研修的三级网络管理机制、常态工作机制。

以关注学生思维发展的"一日研修"、策略探究、课堂观察为主要联合行动方式,形成了3个学科组子项目的行动研究方案,从而细化各学科的研究目标和研究内容。同时,将区域专家资源有机地转化为联合教研资源,将由上而下的区域教研和缺乏专家指导的学校教研,转为有专家引领和共同目标支持的校际合作教研,确保联合研修的活动质量。

2. 明确研究过程与方法

整个项目经历了筹备、实践、总结三个阶段，"行动实践研究"是本项目的主要研究方法，同时融合了问卷调查法、文献研究法、个案研究法、实证研究法、比较法、分析法等，开展螺旋式行动实践（见图4-4）。

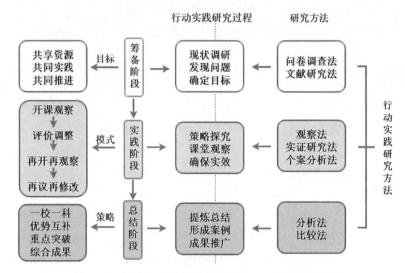

图4-4   行动实践研究过程与方法、研究模式与策略

3. 确立行动实践研究模式与策略

联合体确立了"一校一科、优势互补、重点突破、综合成果"的合作机制，共享资源、共同实践、共同推进。项目组设计了"开课观察→评价调整→再开再观察→再议再修改"的"一日研修"联合研修模式。即联合体学校同学科教师"同课同构"，同一个备课组内的不同教师在集体备课的基础上，对同一教学内容，采用相同的教案、相同或相似的课件进行执教。课堂观察者对不同的教师在相同教学环节下的关注学生思维培育的不同的问题设计、互动方式、激励手段及学生的课堂表现等情况进行观察记录，课后根据观察进行梳理和比较分析，总结得出课堂思维培育有效策略。

（三）行动实践，反思改进

思维培育的行动实践研究不是封闭的、一成不变的研究。在行动实践中，以不同学校同学科之间的横向联系，与同学校不同学科的纵向贯通，为分享经验、相互借鉴,搭建了平台。通过校长与教师对话、专家与学校对话、专家与教师对话、学科教师交流等,聚焦于内容,明晰了思路,形成了共识,从而改进行动,实现了边实践、边反思、边改进。

为确保联合体研修交流顺畅,构建了"联合体研修三级管理网络"(见图4-5)的运行机制:① 每学期由联合体学校校长室讨论,确定学期研修活动方案,制定关键要点和时间进度表,确保研修工作有序、有效;② 建立专家指导机制,根据学校子项目研究进展的需要,聘请专家指导并解决学校项目开展中的疑难困惑与关键问题;③ 建立联合研修常态活动机制。每学期召开三校联合教研工作启动会和总结会,牵头单位负责的主题研修活动不得少于两次,学生联合探究活动不少于一次,每学年进行青年教师教学比赛,评选先进个人和先进备课组。

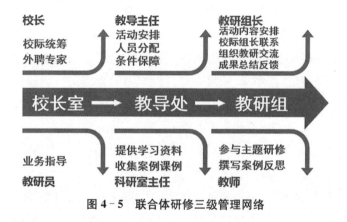

图4-5 联合体研修三级管理网络

(四) 总结提炼,成果推广

多年来,三门中学教研联合体取得了非常好的成效,联合体学校学生思维能力得到了提升,教师高阶思维培育能力得到提升,联合体学校的办学水平逐年提高。三门中学2015年成为首批"上海市新优质项目基地学校"、杨浦区"新优质项目三门中学群"的群主学校、杨浦区"三门中学教育集团"的核心校;上海理工大学附属初级中学2016年成为杨浦区"第二轮新优质项目学校";育鹰学校也在2016年被评为"上海市文明单位"。三所学校正逐渐成为"老百姓满意的家门口的好学校"。

为此,提炼总结是联合教研体项目推进的至关重要的一环。其目的提炼联合体研修的有效途径和经验,总结出初中数理化学科思维培育的有效策略,将成果推广与传播,让更多的学生受益。

1. 多视角和多路径提炼成果

借助专家的力量,从学生思维培育策略、跨校联合教研合作运行机制的视角,采用数字故事、教学展示、课堂观察报告、研修案例等形式,促进联合体学校经验提炼。在总结阶段,全程回顾整个研究进程,思考:最初设想的内容框架、研究策略、研究过程是否合理有效?问题是如何解决的?解决的结果怎么样?解决的过程中是如何提升学生思维能力的?

2. 多层面和多途径推广成果

学生思维培育项目采用了边研究、边展示、边推广的策略,通过市区级展示活动提升了研究的质量,也促进了联合体经验辐射到杨浦区域,加大了项目的影响力。同时也将思维培育的成果作了两个层面的推广,一是联合体学校的其他学科,如语文、英语、政治、历史等;二是杨浦区"新优质项目三门中学群"的四所成员校,辽阳中学、铁岭中学、昆明学校、延吉第二初级中学,将学科从三科推广到语文、数学、英语、物理、化学 5 个学科,并联合进行了五校学生思维现状调查,完成了相关的调研报告。

我们将继续聚焦"思维培育",打造"暖记忆"课程体系,大力推进课堂文化转型,提升学校课程领导力。在学校课程、课堂文化、教师发展和学生成长等方面不断探索与思考,打造学校办学新亮点,形成学校办学新格局和新常态。

四、主题教研与时俱进力争出名师

2018 年 5 月,上海发布了《推进本市高中阶段学校考试招生制度改革方案实施意见》,标志着上海与高考改革相衔接的中考改革正式启动。新中考改革蕴含着教育教学改进的方向,体现着新的育人价值与教学导向。在新中考改革的背景下,"一日研修"如何适应新形势、新要求,值得我们深思,需要及早谋划、积极应对。

(一)"一日研修"新形势下的谋划

上海中考改革包括初中学业水平考试、初中学生综合素质评价和高中阶段学校招生录取改革三方面的改革措施。改革坚持"全面考查,注重能力"和"综合评价,多元录取"的原则,旨在通过完善初中学业水平考试制度和综合素质评价制度,引导学生践行社会主义核心价值观,弘扬中华优秀传统文化,增强社会责任感,培养创新精神和实践能力。改革尤其关注初中学生社会考察、探究学习、职业体验等综合实践活动的情况记录,引导学生把课程学习内容与真实生活情境相结合,提高自身综合素质。为此,初中阶段教育要遵循教育规律、学生成长规律,顺应义务教育优质均衡发展、高中阶段学校特色多样发展新要求,深化初中学业水平考试与初中学生综合素质评价相结合的高中阶段学校考试招生制度改革,为学生的终身发展夯实基础。

"一日研修"在新中考改革背景下亟待开展新探索。新中考改革背景下的校本教研特别强调教研活动在教育实践中展开,强调教研活动展开中的理念与经验的共同引领,重视教师之间的合作和同伴互助。在实际教学中,我们要以改革传统教育理念为切入点,围绕新课标、新理念、新方式,以提高课堂教学效率为目的,深入探讨符合学校教学实际的教学方式。新中考改革背景下的校本教研着力推行高效课堂,使校本教研活动更好地提高学校的教学水平和教学质量。对接新中考改革对校本研修的新要求,"一日研修"活动在研修内容、研修组织形式以及运行和保障机制等方面都有了很大的变化,新中考改革需要学校进行新的探索。

(二)"一日研修"未来变革的聚焦点

新中考改革背景下必须对"一日研修"做出相应的变革,变革要聚焦研修理念、研修主题、研修形式和综合评价等要素,要进行顶层设计,进一步提高"一日研修"的效能和研修价值,从而提高教师整体的专业素养和专业能力。

1. 聚焦研修理念的提升

引导教师树立"坚持育人为本,关注共同基础,防止学生过度偏科,关注学生综合素养和个性特长的培育,丰富学生的学习实践经历,提升学生问题解决能力"的教育观。学校要继续组织教师通过"一日研修"深化课程改革,以学生核心素养培育为目标,开展"暖记忆课程群"建设,进一步凸显课程内容与社会生活的融合性。

2. 聚焦课程标准的学习

引导每一位教师透彻理解学科课程标准,通过"自学"与"共学"相结合的方式,让每位教师读懂、读透课标,使教师们对课标的理念、框架、目标、教学建议有整体的把握,同时也明确各学段的目标及教材修订的意图。要求教师撰写"学习新课标,实践新课程"的教学随笔。通过从理论到实践,又对实践加以反思,教师对课程标准的理解更进一层。

3. 聚焦研修主题的确定

"一日研修"主题中关键词是依据学生思维现状调研提炼出来的。在新中考改革背景下,既要制定适切的调研形式和内容,开展有效的调研,又要依据中考改革的精神,从中提炼出研修关键词,形成研修主题。例如,"跨学科案例分析"考查学生能否把理、化、生、地等所学知识综合应用起来,实现"学生有足够广泛的知识面"。对此,理、化、生、地四科教师要共同开展学科融合研究,制定调研学生综合应用能力的问卷,开展具有学科融合特点的关键词的提炼。另外,2019 年语文学科改用统编教材,语文教师对语文学科曾做过的思维调研和提炼的关键词进行对比修订,确保国家与地区课程的相互融通。

4. 聚焦研修模式的重整

学校在"同课同构"的基础上,设计同课异构的研修方案,研究比较两种方法的有效性。中考改革后,初中学业水平考试科目一共设置了 15 门必修课。为此,学校不仅要做好增加学科任课教师的储备,还要将增加学科作为每学年研修的必修科目,帮助增加学科的任课教师尽快适应中考要求。我们要继续借助联合体、集群和集团资源共享优势,共同设计综合性、主题式、项目化的探究学习内容,由教师组织学生开展小课题研究,丰富学生学习实践经验,培养学生品德发展、能力提升和实践反思与创新的综合素质。

5. 聚焦综合评价的改进

中考改革要求建立健全多元多维综合评价体系,全面反映初中学生综合素质发展状况。学校综合素质评价要突出对学生成长过程的客观记录,整体反映学生德、智、体、美、劳全面发展情况和个性特长,建设初中学生综合素质评价信息管理系统,建立客观、真实、准确记录信息的管理和监督机制,为学生生涯发展规划提供参考。

6.聚焦课堂观察信息化应用

在"课堂关键问题设计""学生课堂表现""学生个体表现""课堂整体表现"和"课堂后测"5个维度对授课教师的教学行为进行观察与评价的基础上,为了便于观察者记录和课堂实证的保存,学校将进一步研发基于学生思维能力培养的电子化平台。把被观察学生在课堂上表现的相应评价,纳入对学生综合评价体系中,具有很大的价值。我们还需要研发更能够体现中考改革中新增学科特色的,如体现文理科差异的观察维度和评价的内容与方式,从而更好地与高中生综合素质评价贯通,客观记录学生初中学习生活的成长轨迹,又引导学生关注全面发展、注重内心的体验,也为学校打造适应学生成长需求的课程和教学,为形成初高中推进素质教育的合力提供依据。

新中考改革蕴含着教育教学改进的方向,体现着新的育人价值与教学导向。新中考改革的背景下的"一日研修",聚焦思维培育的主题,学校将进一步提升教师专业水平,助推更多教师迈向名师行列,助力关爱教育可持续发展。

第五章　关爱教育可持续
发展的保障

三门中学关爱教育为促进学生全面而个性地成长,在课程教学中注重思维培育,追求教师专业的可持续发展。可见,三门中学实施基于思维发展的关爱教育,打造高阶思维教师队伍的关键。为此,学校树立"人才强校"理念,采取全过程管理提升课堂教学质量,利用云技术拓展教师专业发展新平台,创造更大发展空间提高教师专业水平,让培养全面和个性发展的学生的价值观落实到每个教师的心里,落实到每个教师的行为上,为学校持续进行强化学生思维培育的精细管理,切实提高教育教学质量打下更为厚实的基础。

一、采取全过程管理提升课堂教学质量

在教学管理运行过程中,我们引导教师树立了"质量形成于教学和教学管理全过程"的观点,学校强化过程管理与监督控制,将教学质量管理贯穿于教学五环节。

(一)强化备课,达到"入耳、入脑、入心"

学校坚持将备课作为教学的首要环节,大力加强教师备课工作的指导与检查。立足教材和课程标准,积极组织教师开展集体备课,努力将教师个人创新思维与集体智慧相融合。教学设计要求突出学生的主体性和学生的实践活动,促进了教学方式与学习方式的转变。

如何使全体教师主动配合教学主管部门做好这项工作,我们通过一系列的活动引领全校教师达到了"入耳、入脑、入心"的效果。数年来,学校每学期均利用教研组活动、教工大会等时间组织全体教师逐条强化学习《三门中学教

学常规手册》,达到教师对备课重要性认识的"入耳"。

学校坚持三级教案检查制度。教研组长细查并写评语,教导处复查评优纠差,校长室抽查关注落实。每学期安排一次教工大会"点评教案"。用PPT展示优秀教案,不点名指出不合格教案的不足之处,通过一次次点评不断强调撰写教案的规范性和导向性。强调"四个一点切入":兴趣点、分层点、互动点、探索点。要求每个学期重点落实一点,在一点点地关注中课堂的有效性不断提高,达到了教师备课的规范性的"入脑";每学期对优秀教案进行展示、结集成册,推荐优秀教师参加校级、区级公开课展示、评比,以良好的运作机制促进教师认真备课达到"入心"。通过备课管理机制的落实,确保了课堂教学有效有序地开展。

(二) 聚焦课堂,注重教师做到三个"三"

课堂教学是课改的主阵地,学校教学质量提高的一个重要因素就是以"学生发展为本"的课堂教学理念建立,并通过教师在实践中不断转变成教学行为。

聚焦课堂,学校注重以下3点:

1. 课堂环节逐个"磨"

学校教学每学期重点关注一个环节,"怎样的课堂引入更有效""如何引导学生进行新知探讨""新知反馈的正确率怎么提高""如何提问有助学生思维的发展"都成了各学期的教研主题,在一个个环节的"打磨"中教师对课堂的把握度不断提高。

2. 听完就评求实效

学校要求听完公开课后全组立即评课,以增强说课、评课的时效性,让开课教师能更多地听到听课教师第一时间内的新建议,有更多的反思和收获。

3. 随堂听课重长效

除了关注公开课的教研主题、教学环节、教学关注点的落实情况,在日常教学中听课的落实更为重要,因此随堂听课不容忽视,学校安排中层、教研组长不定期听课,并在教研组长会议和中层干部会议上汇报课堂执行度,引导教师"修炼"在平时。

学校要求教师在课堂中做到"三环节"和"三注重",即有效的课堂问题情境设置、有层次的课堂教学组织、有激发性的课堂教学评价,以及注重精致的导入、灵性的互动、巧妙的应变。学校以教研组为单位,加强教学研讨课活动,开展汇报课、评优课、示范课等多项教学活动,调动学校教师听课和评课的主动性,规范听课评课制度。在听评课中,要求教师加强反思,提炼问题,形成课题研究,通过分析研究,促进课堂教学有效性。

(三) 适切作业,把控质量和数量

1. 定期检查

和教案检查一样,教研组长细查并写点评,教导处复查评优纠差,校长室抽查把控质量。每学期定期两次。

2. 及时反馈

每学期安排一次教工大会"点评作业"。用 PPT 展示优秀作业和优秀的作业批改,指出作业及批改的不规范之处,不断强调作业批改的规范性和细致化。

3. 问卷调研

定期进行学生问卷和学生座谈,了解各年级学生每天做作业的时间,将问卷结果及时反馈给教师,便于教师及时作出相应调整,控制好作业量,确保学生睡眠时间。

(四) 分层辅导,用真心真情唤起学习热情

1. 坚持关爱理念

学校十年来始终坚持关爱理念,从"后三分之一"抓起,从基础抓起,用真心真情唤起学困生的学习热情。

2. 年级分层目标

要求教师根据年级目标认真落实,循序渐进,不给学生过大压力。

3. 错时分层辅导

在一个教师上课时,将班级中学习十分困难的一个学生,调出课堂,由第二个教师进行一对一的辅导,以提高学生在校的学习效率,确保了学校的合格率。

（五）务实评价，勤检查、找问题和抓改进

1. 师生齐分析

每次考试后，教师有 3 个层面的质量分析：备课组、教研组、教工大会。学生有个人反思、班级小结、年级表彰。师生都要求找问题、制定措施，教导处和年级组抓落实、勤检查、多反馈，力求每次分析出实效。

2. 点线评班级

每个班级从进校起就有一条平均学业水平折线图，设置了 4 年 16 个点，从总体上把握班级学业水平发展的趋势，发现问题，及时参与，确保每届各班平稳发展。

3. 措施抓落实

每次质量分析各组各班制定的措施要求具体、适切、可操作，并写出具体目标方便检查，不说"空""大""全"的话，教导处、政教处对制定的措施进行检查。

（六）完善监控，注重 3 个层面的质量分析

学校注重 3 个层面的质量分析。首先，每位教师和备课组对任教班级和年级进行细致的自查分析，找出教与学的成功与不足；其次，每个教研组对整个学科成绩做进一步深入分析；再次，学校教导处对全校期中期末的教学质量做纵向、横向的全面剖析。每一次都用图表和数据直观形象地呈现出教学质量状况，能够让每位教师在图表中清晰、明确地找到自己任教学科所处的位置。初三年级的教学工作会议坚持每月一次，保证了初三教师教学质量、学生学习质量客观有效地反馈到位；通过会议提出学科问题和班级问题存在的关键之处，共同探讨出解决的措施与方法，确保了学校初三工作科学有序、有效地开展，中考成绩稳步提升。

二、利用云技术拓展教师专业发展新平台

2013 年，我校成为"区域创智云课堂"项目的第二批成员校。多年来，在区项目组领导的关心和闻曦公司的大力支持下，我校在"思维培育"等重点课题

研究、基础型课程校本化实施、特色课程开发，以及教研联合体、新优质集群、教育集团建设等方面，广泛应用"云"技术构建良好的促进教与学革新的生态环境，为学生开展学习体验转变提供了更丰富的创新经历，并且通过开展个性化学习和创新性评价，促进了学生思维品质的不断提升。

(一)"云"技术支撑教学，激活课堂

在学校"暖记忆"校本课程建设过程中，我校每位教师紧密围绕如何有效使用信息技术促进课堂改进的目标，不断探索、思考和总结。每学期，我们要求每位教师要开设组内研讨课，在教学过程中充分挖掘、使用和融合信息技术。如：语文教师采用数据统计功能创设课堂情境，利用语音即时输入功能辅导学生开展写作；数学教师采用"几何画板"进行专题研讨，拓展学生的学习方式；英语教师采用视听媒体，图、文、声并茂，丰富了教学内容；物理教师采用网络搜索资源功能组织学生自主探究，培养学生自主学习能力；美术教师采用"云"技术开展书法学习，增强了学生的体验；体育教师利用信息技术，实现了示范动作可以反复观看，开启了新的教学模式……

至今，学校已形成较为成熟的学科网络资源系统。我们从现代信息技术的应用中受益匪浅，其为教学提供了更广阔的"教"与"学"的空间，为学生提供了一种终身受益的认知工具，为学生会学习提供了一条自主实践、自我探索的有效途径。课堂中，学生学习的积极性和主动性是前所未有的，真正实现了让课堂教学改革"看得见"。

(二)云技术创新评价，为教师定格课堂

2013年起，我校在上海市专家的指导下，通过课题研究探寻当下课堂教学中培育学生思维能力的方法与策略。我们组织数理化教研组以"四课"和"四点"中的关键问题设计为抓手，开展教学研究与实践，以及"一日研修"主题活动，将教师的常态课全程录像，同时进行以"思维培育"为中心的课堂观察，课后开展评课，通过定量与定性相结合的方式，加强课堂中学生思维形态的数据研究。我们从"课堂中关键问题设计、课堂组织形式、课堂操作设计、教师追问、转问和留白"等维度开发了课堂评价量表，并聘请闻曦公司专门打造了相应的电子平台，实现了"云端"即时存储和永久保存，为学科教师

分析过程信息、课后反思、改进教学、实现自我矫正与自主创新，真正把促进学生思维能力的培养落实到每节课堂教学之中，提供了有力的实证依据。现在我们能够借助"云"平台建立高效的反馈系统，即时、准确地将"教"和"学"的过程信息挖掘出来，帮助教师分析学生思维的擅长方式和主要缺陷，确定学科教学应构建什么样的支架促进学生思维发展，从而有的放矢地改善学生的思维品质。

2016年，成立了三门中学新优质"集群"。为了将"思维培育"的研究成果向有同样教育瓶颈的兄弟学校推广，我校组织集群成员校利用"云"平台开展语、数、英、物、化学科学生思维现状调研，收集了大量学生学科思维相关数据，再利用信息媒体进行大数据分析，找到集群成员校学生学科思维的薄弱之处，为集群成员校学科确立学生思维能力培育目标提供了有力的理论依据，同时我们形成集群成员校思维调研报告汇编册，为学科教师开展针对性的思维培育提供了依据。

我们将课堂观察网络平台技术向全校6个教研组全面推广，并多次和闻曦公司开展研讨活动，改进和优化了评价电子量表，使之更适用于各个学科，凸显各学科对学生思维能力培养的要求特点。我校语文、数学、英语和理化教研组前往杭州启航中学开展课堂观察展示活动，带领启航中学教师使用绿色评价"云"平台，学习课堂观察模式，得到了学科专家的高度肯定。

2017年，成立了三门中学教育集团。我们继续坚持每学期在集团、集群和联合体各个学科开展"一日研修"课堂观察主题活动，引领和推动区域教师的教学理念改进和教学行为的转变。以本学期集团成员校共同开展跨学科"一日研修"为例，以"融合探究、激活思维"为核心点，探究在地理、生命科学的学科教学中，如何通过比对学习材料，挖掘共性和个性的学习元素，融合跨学科学习的要求。同时，由我校科研室组织集团校教师进行课堂观察，对教师在"融合探究、激活思维"方面，从"跨学科知识点体现、跨学科综合素养的培育和课堂关键问题设计思维培育点落实"等维度进行记录、简析，提炼对学生思维培育、核心素养培育有积极作用的教学行为、学习行为，形成激活学生高层次思维能力的方法和策略。"云"技术极大地拓展了教师专业发展新平台，高阶思维教师发展迈上新台阶。

三、创造更大发展空间提高教师专业水平

(一)采用"大循环"教学运作模式,激发教师潜能

三门中学建校初期,学校采取的教师任教方式是每个人一直带一个年级,目的在于使教师在所任教的领域内更加熟练、专业。但我们渐渐发现,学生和新接手的教师总会有或长或短的磨合期。有时由于学生对前面的任教的教师有依恋情绪,往往还比较难接受新任教师。这也对教师的教学效果带来很大的影响。同时,我们还发现,有的教师由于常年在一个年级工作,对其他学段的信息没有主动了解、更新观念,则显露出教育观念陈旧、落后,不能满足初三毕业班的要求。

如何改变这种矛盾,既让学生快乐成长,又让教师专业提升,学校教育质量明显提高? 通过辩证思考,2003 年伊始,我们调整思路,决定采取能够使教师人人得到锻炼、个个均有发展空间、每人都有进取压力的"大循环"教学运作模式。即每个任课教师均从预备年级任教至初三学生毕业,实施跟班教学、责任全程落实,从入学之初"一抓到底"。回顾总结这一教学运作模式的成功之处,它让每个教师接受了挑战与发展的机遇,确保了教学质量责任的落实到位,激发了教师主动发现和引导学生成长进步积极性;它建立了长效教学管理机制,形成了从预备到初三教学的无缝衔接,实现了教学运作的良性循环。

(二)加强"大协作"互助,提升教师素养

我们以"大协作"为抓手,不断强化教师队伍建设,以"滚雪球"式的积累,打造了一支勤思、善教、勇于创新、合作共进的教师队伍。所谓"大协作"就是教师要牢固树立全校"一盘棋"的思想,在紧紧围绕学校总的教学目标和指导思想的前提下,实施学科、教研组、年级组之间,各任课教师与班主任之间,学校与社会之间的大协作。在协作中不断提高教师教学业务技能、教育教学管理能力。

学校围绕大协作的思想,每学期要求各处室、各教研组年级组紧紧围绕学校的中心工作制订各项工作计划,并要求严格按大协作中提出的"三共""三全"开展活动。"三共""三全"活动为:"共同收集研究教学资源,共同享用教学

成果、共同反思教学得失;要求教师全身心投入协作、教研组全方位开展协作、教导处全程监控协作。"学校确立"在自主自助中提升自我,在同伴互助中发展自我,在专业人员引领下完善自我"的教师发展总目标,引导教师向"高起点、高品位、高质量、高效益"的目标看齐,提出"分阶段、分专题地开展教研活动"的思路,通过集体备课、同上一节课、课例研讨、专题评课等,加强教师的交流空间。学校实行"三个台"培养工程:即对青年教师搭"平台",实行"人格"培养,促进成长,强化青年教师基本功,通过师徒结对、专家引领缩短青年教师成长周期;为教有所长的教师搭"展台",实行"升格"培养,促进成才;为骨干教师搭"舞台",实行"风格"培养,促进成功。

(三) 集团联动,促进协同发展

为进一步落实杨浦区推进教育集团办学,深化初中教育内涵式均衡发展机制的建设,办学生喜爱的学校,深入推进区域教育的优质、均衡、多元发展,作为"三门中学教育集团"的核心校,三门中学组织集团校成立 5 个事务中心(见图 5 - 1),制定了符合集团各校办学实际、科学合理的 5 年发展规划,建立了集团内教师柔性流动机制,即每年进行跨校连聘教师交流,派送教师在交流期间应在不同年级担任教育教学工作。通过以教育集团为载体,开展同年级、不同年级等层面的教育培训,以专题研讨的形式开展讲求实效的培训活动,增

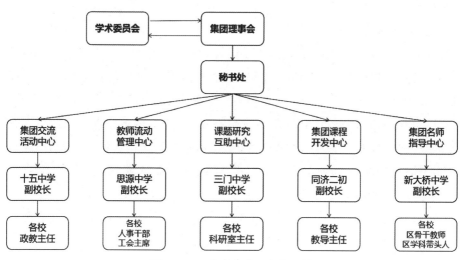

图 5 - 1　5 个事务中心和集团校

强凝聚力,提高执行力。

我们以集团名师工程建设为载体,成立教师发展小团,引领使不同层面的教师在不同的基础上追求发展,培养集团骨干教师;以集团青年教师沙龙为载体,增强青年教师的责任感和使命感。以集团骨干教师培养计划为载体,为集团名师队伍建设搭建高端发展平台;优化教师队伍结构,建设一支德才兼备、富有创新精神和实践能力的教师队伍。通过研修培训、学术交流、项目资助等方式,集团培养了教育教学骨干、学科带头人、优秀班主任,造就一批个性鲜明、教学特长显著的骨干教师和名优班主任,建设了以德育为先、学科为重的若干教育教学学科高地。这一切也促进了集团持续、跨越发展。

(四) 依托上海财经大学优质资源,引领教师专业发展

2019 年 9 月,三门中学增挂"上海财经大学附属初级中学"。一年多来,依托上海财经大学优质资源,引领教师专业发展,培育学生创新思维。

首先,依托上海财经大学开展教科研攻关。学校从 2013 年起确立了课程建设新的发展点,开展"关注学生终身发展的思维培育"项目研究。项目研究取得了一些成果,教师撰写的案例、课例在市区级评审中获得了一等奖。随着项目研究的不断推进,也遇到了瓶颈,学校主推的思维培育策略——关键问题及其追问,在教学实践中取得了一些实效,但如何再具体往下深入,学校教师一时没有头绪。上海财经大学委派学校科研骨干参与学校的课题推进,引领我校教师开展教学研究。在全面了解了学校的项目开展情况后,上海财经大学的科研骨干团队给出了很好的推进建议:把原来课堂上的系列关键问题梳理成"四层""三向""三级"的系列问题,使教师在教学设计时感到思路清晰、更好操作。

其次,为切实提高附中教师的学科素养,加强学科本体性知识的学习研究,以促进教师专业能力和终身学习的发展,学校与上海财经大学合作,重构教师教育课程体系、创新教育教学方式。随着教师们在课堂上的不断实践,我们的学生也在悄悄发生变化:学生能主动学习,选择有效的学习方法;遇到问题不回避,而是努力想创造性地解决问题;能举一反三灵活地运用原有的知识解决新的问题;能大胆质疑别人甚至是老师的观点;能自信、有创意地表达自己的观点;能在问题解决之后提出新的问题;能对自己的得失及时反思不断调

整。渐渐的,学生越来越自信、严谨、有想法,学生的思维真正被引向纵深发展。

再次,学校的使命应该是为国家培养合格的人才。作为上海财经大学的附属学校,三门中学将继续努力,抓住机遇,在大学的引领下不断提升教师的专业能力,关注学生的全面成长,推进基于思维发展的关爱教育。

三年来,学校教师在市区以上刊物发表文章 60 篇,科研成果区级以上获奖 25 人次,学校教师其他各类获奖 31 人次。学校接待了 23 批 200 多人的参观学习,涉及教师教学展示 42 节。区骨干教师刘瑞华参加杨浦区第三届名师展示活动受到一致好评;在联合体项目区级展示中,赵霞老师的课得到了充分肯定;姚春燕老师的市级公开展示课,让时任上海市基教处处长的倪闽景发出感叹:"如果上海老师的课都上的像姚老师一样出色,那我就可以天天睡好觉了。"

三门中学助力教师专业深层次发展,实现可持续发展,为学校关爱教育发展提供了坚强的保障。教师的可持续发展深化了思维培养的课堂教学变革,带动了学生持续健康、快乐、持续成长,实现全面发展、个性发展,以及为终身发展奠定了基础。由此,基于思维发展的关爱教育也实现了可持续发展,三门中学办学不断地从一个成功走向下一个成功。

第六章 关爱教育的成果与展望

2013年9月，学校确立"关注学生思维培养，促进学生终身发展"为学校龙头课题。8年来，三门中学师生面对"提升学生高层次思维能力"这个瓶颈问题迎难而上，奋力前行，基于思维发展的关爱教育成果初现。同时，我们憧憬着关爱教育的美好未来。

一、关爱教育取得的成果

首先，教师的高阶思维培育能力不断增强，学生对教学的满意度有了很大提高。教师在日常教学中对学生思维培育的意识和能力得到了强化。学校"一日研修"课堂观察活动让教师们从"纸上读到"到"课堂上亲眼比较"，内心的触动很大。这种触动慢慢地内化到了教师们的日常教学。他们开始用精心设计的课堂关键事件启发学生的思维，注重对学生思维支架的搭建，通过"问题开放发散思维""设计关键问题聚合思维""关注追问迁移思维"等策略拓展了学生思维的宽度和深度，促进学生养成良好的思维习惯。据调查显示，学生对师生关系评价"较高"的比例提升了10%；对教师教学方式评价"较高"的比例提升了15%。

其次，学生思维能力得到了很好的发展，学习素养大幅提升。基于思维发展的教育教学，三门中学的学生在课堂上发言的多了，学生参与科学研究的积极性更高了，就能主动学习，大胆质疑，创造性地解决问题，学生的高阶思维能力得到了提升。

据"一日研修"项目前后调研，在校学生学业成绩达成指数（最高为9）从原来的平均7.6提升到8.3；学业成绩个体间均衡指数从平均6.3提升到7.3。对比2016年和2019年的"绿色指标测试"，高层次思维能力指数从平均4.6提升到 6.3,自信心指数从平均 5.6 提升到 6.7。三年中,学生在市区各级各类比赛中获奖达 303 人次。

再次,学校办学水平整体逐年提高,得到各级各方面的广泛好评。三门中学 2016 年成为控江教育集团成员校;2018 年,成为上海市强校工程初中实验校之一;2019 年,荣获上海市"五一劳动奖章",学校办学和教育质量都得到了家长和社区的一致认可。学校受到教育部专题采访和调研,被定格为"老百姓身边的好学校"。

学校有 3 本书被正式出版了,即《让课堂洋溢生命感——"L-O-V-E"课堂的精彩演绎》(2017 年 9 月)、《高阶思维教学的关键技术》(2020 年 11 月)、《高阶思维教学的核心指向》(2021 年 6 月),还编辑 3 本教学成果,即《三门中学新优质集群学生思维现状调研报告》汇编册、《基于思维培育的课堂观察指南》及其电子平台、《创智课堂 36 计》思维培育案例集。同时,在杨浦区课程领导力第三轮项目中,学校撰写的课程文本、课例、课堂文化转型的案例都获得了一等奖。另外,学校还承担了三次市级展示:2017 年,数学教研组的"单元教学设计视域下的学生思维培育"市级展示;2018 年,劳技学科的"弘扬传统文化,培育学生能力"市级展示活动;2019 年,英语学科的"单元视角下的听说教学"市级展示活动;学校参与市区展示活动发言或媒体报道 8 次。学校办学和教育质量都得到了家长和社区的一致认可。

"爱满天下",是人间大爱。对关爱教育的深度解读,要实现个人认知、情感和行为的深度结合,这样的关爱才能成为一种无私而理性的行为。基于思维发展,三门中学深化实施关爱教育的过程,是师生共同成长的过程,也是教育发展的至高境界。

二、关爱教育的未来展望

"十四五"期间,关爱教育继续向纵深发展,三门中学将努力向"强校工程"目标冲刺,实现成为区内初中名校。

(一)厚植爱国情怀,让学生立好"民族魂"

以社会实践为抓手,围绕"立德树人"根本任务,开展一系列厚植爱国情怀的实践活动,引导学生在社会实践过程中培养和提升实践能力和创新精神,同时也向社会展现出新时代三门学子的精神风貌。继续以"民族传统文化"传承为特色开展学生特长培养,在"沪剧""毽球""绳艺""纸艺""民乐""漆画"项目的基础上,一抓深化,把项目做深、做精;二抓开发,继续引入学生感兴趣的传统文化项目,让学生立好"民族魂"。

(二) 深化"四层三向三级问题链",提升"L-O-V-E"课堂

在学校课程建设方面,进一步加强基础型课程校本化,深化"L-O-V-E"课堂建设,确定"L-O-V-E"课堂的基本样态和评价指标,继续聚焦学生思维培育,以"关键问题及其追问"为主要策略,进一步深化"四层三向三级问题链"。

学校将通过"一日研修"和"课堂观察"进一步积累各学科实践"四层三向三级问题链"案例,力争三年内形成案例集。进一步深化课堂文化转型,强化"L-O-V-E"课堂的理念文化、"四层三向三级问题链"的行为文化,关注学生互动学习、探究学习、深度学习的制度文化,以及课堂、场馆开放互通、互联的环境文化。

(三) 加强"暖记忆"课程开发,为学生提供更多课程选择

加强"暖记忆"课程中"四之"系列的开发,为学生提供更多的课程选择。结合中考改革的综合评价,进一步加强探究型课程的建设力度,引导学生能主动学习,创造性地解决问题。

学校将继续依托上海财经大学构建学校特色课程,培养学生财经素养。学校聚焦财经素养培育"财德、财智、财商"3个核心要素,编写《初中财经素养教育教师读本》,学校还将建设"初中财经创新实验室",并依托创新实验室和上海财经大学基础教育集团合作开发适合初中学生的财经类系列课程。通过财经类课程建设增强学生对财经知识的认知与理解,提升上海财经大学附初学生的财经意识,激发学生学习财经知识的热情。

(四) 形成关爱教育的管理文化,争取出更多名师

在教师队伍建设方面,三门中学将争取出名师。因此在继续"青年教师小

团"的基础上,成立"高端教师发展小团",让有潜力的教师互相支撑,抱团成长,争取有所突破。同时继续通过"一日研修"和"课堂观察",激发教师理念不断生长,激发教师对学生思维培育以及课程效力不断生长的过程,激发学校对整个课程的把握和对上下贯通的能量不断生长。

在学校管理方面,将进一步深化制度建设,形成关爱教育的管理文化,把管理工作科研化,提高管理效率。① 让人人参与管理,发挥教师主人翁责任感,变"要我做"为"我要做";② 利用评价导向功能,激发教师全面成长,教得好书育得好人;③ 进行目标激励,调动教师工作热情,鼓励教师分解目标,通过"树路标"引导教师不断进步;④ 实行人文管理,达到心理认同,让教师在校园舒心,让学生在校园开心。

展望未来,学校将继续向"质量高、队伍强、负担轻、特色显"的好初中奋进,让三门中学师生爱上校园,让三门中学教师爱上学生,让三门中学学生爱上学习,让关爱教育进入更加温暖、更多智慧的境界。

参 考 文 献

［1］邵军.开掘学生的思维深度［J］.教育测量与评价(理论版),2010(1).

［2］许庆如.仁爱与博爱的融合：论陶行知"爱满天下"的办学精神［J］.教学与管理,2014(12).

［3］张春兰.大学生数字化阅读中深度思维的生成［J］.现代教育科学,2017(07).

［4］胡娟.爱在点滴,方能爱满天下［J］.科学大众,2019(5).

［5］刘宏家.打造深度思维：名著真读真教的必然路径［J］.成才之路,2019(05).

［6］张泉.激发学生深度思维　培养数学核心素养［J］.初中数学教与学,2019(08).

［7］沈洪.体育核心素养视角下体育课堂深度思维的培育路径［J］.中国学校体育,2019(12).

［8］胡惠闵.指向教师专业发展的学校管理改革：上海市打虎山路第一小学个案研究［D］.上海：华东师范大学,2003.

［9］王莉弗.弗洛姆关爱教育思想研究［D］.兰州：西北师范大学,2014.

［10］谭珊.基于思维发展的初中微作文序列研究［D］.成都：四川师范大学,2018.

［11］杨丝洁.学生高阶思维的培育路径研究［D］.成都：四川师范大学,2018.

［12］汪茂华.高阶思维能力评价研究［D］.上海：华东师范大学,2018.

［13］安桂清.课例研究［M］.上海：华东师范大学出版社,2018.

［14］胡展赫,智杰轩.高阶思维［M］.沈阳：沈阳出版社,2018.

［15］莫琳·希凯.深度思考：不断逼近问题的本质［M］.南京：江苏凤凰文艺出版社,2018.

［16］上海市教育委员会教学研究室.课程领导：学校持续发展的引擎,上海市提升中小学(幼儿园)课程领导力十年行动［M］.上海：上海科技教育出版社,2019.1.

［17］韩艳梅.课程图谱［M］.上海：上海教育出版社,2019.

［18］林崇德.21世纪学生发展核心素养研究［M］.上海：华东师范大学出版社,2019.

［19］陈伦全.开发学习潜能的高阶思维教学案例［M］.成都：四川大学出版社,2019.

［20］窦桂梅等.成志教育：清华大学附属小学立德树人实践研究［M］.北京：教育科学出版社,2019.

后记

一群教育人的努力

三个春秋，几易其稿。书稿终于完成之时，提笔写这篇后记，我以下三点感受非常深刻。一是感觉时间过得真快。到三门中学工作一晃已经八年了。八年里，我和老师们一起忙教学研修、忙思维培育、忙关爱教育，时间真如白驹过隙般一闪而过。二是我为三门中学的老师深深感到自豪。我们三门人敢于走出"舒适区"，为了学生的智慧成长，为了学校发展的明天，敢于不断挑战与实现自我突破。三是多年的教育实践探索，虽然我们辛苦劳累，但还是倍感欣慰，因为在基于思维发展的关爱教育中，学生、教师和学校都实现了可持续的高质量成长和发展。当然，我最大的感受是基于思维发展的关爱教育是一群教育人共同努力的收获。

关爱教育一路走来，我们对关爱教育的认识也在不断提升：我们从关注学生的身心，到关注学生的能力培养，再到关注学生的思维培育，为学生的终身发展打好扎实基础，实现更深层次的关爱。三门中学思维培育一路走来，我们从学生思维现状调研到思维培育目标确定，到思维培育策略探寻，再到思维培育效果的观察，逐步将学生的思维发展引向纵深。

基于思维发展实施关爱教育，学校从一日研修一路走来，我们从"两备"到"五备"，从"关注教学内容"变为关注"学生的学习"，由"教师主体"变为"学生主体"，由宏观上的"理念方向"变为"具体操作"，教师们都能感觉到自己在提升、在成长。我们课改的脚步一路走来，从数学教研组推广到学校其他教研组，又提炼升级为学校通用的范式，又将这种学校范式推广到集团、集群学校，让更多教师和学校共享我们的实践成果。

就这样，从一个人到一群人，从一个学科到多个学科，从一所学校到多所学校，我们完成了教改研修的生长与共享。这个生长过程是教师们理念不断生长的过程，是教师们对学生思维培育以及课程效力不断生长的过程，也是教师们形成课程领导传导力的过程，是学校对整个课程的把握和上下贯通的能量不断生长的过程。这也是一个区域内学校教育走向优质和高位均衡的过程，具有教育发展的时代意义。

在本书编写的过程中，我非常感谢给予悉心指导的市、区领导与专家，特别感谢尹后庆主任，他为本书写了鼓励的序言。在无尽的感激之时，我也觉得自己十分幸运：在学校课题项目的推进中有领导的关注与支持，有专家导师的悉心指导，有校长同行们的相互扶持，更有学校教师们的鼎力相助和学生们的倾力参与。三门中学基于思维发展的关爱教育是一群教育人共同奋斗的见证。

当然，本书肯定也有不到之处，还请大家批评指正，不吝赐教。

关爱教育，我们还在路上！但也请大家相信，我们三门人定会和更多教育同行携手共进，扎实迈开脚下每一步，向着"爱满天下"荡漾九州继续拼搏。

秦　娟

2021 年 1 月

图书在版编目（CIP）数据

基于思维发展的关爱教育 / 秦娟著. — 上海：上海教育出版社，2021.5
ISBN 978-7-5720-0801-6

Ⅰ.①基… Ⅱ.①秦… Ⅲ.①初中 – 教学研究 Ⅳ.①G632.0

中国版本图书馆CIP数据核字(2021)第085810号

责任编辑　邹　楠
封面设计　毛结平

基于思维发展的关爱教育
秦　娟　著

出版发行　**上海教育出版社有限公司**
官　　网　www.seph.com.cn
地　　址　上海市永福路123号
邮　　编　200031
印　　刷　启东市人民印刷有限公司
开　　本　700×1000　1/16　印张 10
字　　数　158 千字
版　　次　2021年6月第1版
印　　次　2021年6月第1次印刷
书　　号　ISBN 978-7-5720-0801-6/G·0617
定　　价　58.00 元

如发现质量问题，读者可向本社调换　电话：021-64377165